P9-EFH-203

TEATRO PROSA
POESIA

Affectionately dedicated
to our parents
Emilia and Virgilio Caravacci
Mimì Aguglia Ferraù and Vincenzo Ferraù

TEATRO PROSA POESIA

ALTHEA CARAVACCI REYNOLDS
ARGENTINA BRUNETTI

1982

ANMA LIBRI

PERMISSIONS

We wish to thank the authors, publishers and holders of copyright for their permission to use the texts in this book.

Luigi Pirandello, *Le lumìe di Sicilia* and *La fedeltà del cane*: by permission of Amministrazione dei Figli di Luigi Pirandello.
Dario Fo, *Non tutti i ladri vengono per nuocere*: by permission of the author.
Alberto Moravia, *La concorrenza*: by permission of Bompiani Editore, Milano.
Michele Prisco, *La Neris* from *Il colore del cristallo*: by permission of the author and Rizzoli Editore, Milano.
Natalia Ginzburg, *Casa al mare*: by permission of the author.
Enrico La Stella, *La ragazza di Milano*: by permission of the author and Selezione dal Reader's Digest, Milano.
Alfonso Gatto, "Amore"; Camillo Sbarbaro, "Padre se anche tu non fossi il mio"; Ada Negri, "Preghiera all'alba" and "Domani"; Salvatore Quasimodo, "Ora che sale il giorno" and "Già la pioggia è con noi"; Vincenzo Cardarelli, "Estiva"; Corrado Govoni, "L'autunno"; Eugenio Montale, "Maestrale"; Umberto Saba, "La capra" and "La gatta"; Aldo Palazzeschi, "Chi sono?"; Giuseppe Ungaretti, "Silenzio" and "Tu ti spezzasti": all by permission of Arnoldo Mondadori Editore, Milano.
Dino Campana, "Poesia facile": by permission of Nuova Vallecchi Editore, Firenze.
Francesco Chiesa, "Il destino degli uomini": by permission of Eredi Autore, Lugano, Switzerland.
Giovanni Cecchetti, "Scherzo" and "Oggi": by permission of the author.

We wish to thank the following for providing us with photographs and illustrations.

17 Pirandello, 53 Corazzini: Biblioteca Statale di Cremona. 17 Dario Fo: Fulvio Bianconi. 27 Alessandria, 128 Cardarelli, Negri: Stefano Falk. 43 Montale, 139 Gozzano: dott.ssa Orlandi, Biblioteca Marucelliana, Firenze. 53 Quasimodo, 111 Palazzeschi: dott. Roberto Poggi, Università di Firenze. 61 Moravia: Daily Bruin Newspaper, University of California, Los Angeles. 74 Prisco: Michele Prisco. 77 *La Neris*, 94 La Stella, 95 *La ragazza di Milano*: Selezione dal Reader's Digest. 126 Saba: A. Mondadori Editore. 137 Campana: dott.ssa Fabia Borroni, Biblioteca Nazionale, Firenze.

© 1982 by ANMA LIBRI & Co.
P.O. Box 876, Saratoga, Calif. 95071
All rights reserved
LC 81-70143
ISBN 0-915838-12-5

CONTENTS

ACKNOWLEDGEMENTS

We should like to express our gratitude to Dean Charles Speroni of the University of California, Los Angeles, Prof. Clara Regnoni Macera Pinsky of the University of Tennessee, Prof. Camilla Naham of the University of Southern California and to Prof. William Montini of Cremona, Italy for their assistance and helpful comments, and to our friends and colleagues for their encouragement and their suggestions. We are also indebted to the many students who over a number of years have allowed us to experiment with the material in this book.

PREFACE

It is heartening to note a surging interest in the study of Italian. Instructors are constantly seeking new means and methods to render language acquisition more enticing and to give it new dimensions and perspectives. To meet this demand we have compiled a text that, we believe, is **versatile** and will be fully instructive and engaging to the reader. We have found that particularly through the theatrical genre, which spans the entire complex of audio-lingual-visual-graphic approaches to language study, a serious yet enjoyable pattern of learning can be achieved.

In this text we have chosen two one act plays: *Le lumìe di Sicilia* by Luigi Pirandello and *Non tutti i ladri vengono per nuocere* by Dario Fo, not only because they are *pièces* of artistic merit but also for their present-day language, humour, style, and appeal to the student at the intermediate level of study. The study of these plays in the classroom can culminate in a complete production on stage as a part of the course, thus becoming a rare and indelible experience for the student.

The 'Theater' seems to create and hold a great fascination for the student and to be an extraordinary vehicle for the teaching of a language. It is a natural means for impressing and developing correct habits of pronunciation, for facilitating comprehension, and for improving oral fluency. There is a particular satisfaction and excitement on the part of the student participating in this form of study; for a play, with its repetition of dialogue and its engrossing interpretation, creates a totally unusual experience in which the student, while becoming imbued with the dialogue, subconsciously learns the language, gains self-confidence and spontaneity, and acquires verbal enrichment.

The short stories that we have selected have proven to be of particular interest to students, principally because, even though they are characteristically Italian and by well-known Italian authors, they have universal appeal. Their intriguing and realistic situations and their humour captivate the interest of the students, causing them to become truly involved in the language. As a means of varying the audio-visual technique, each short story can be adapted by the students in the form of a play and used as a class project, bringing about a better comprehension of both prose and drama.

We have also assembled a varied collection of brief, yet poignant verses by some of Italy's finest poets, particularly suitable for teaching the language because of their musicality and harmonious use of words. Additional glosses are provided with each poem to facilitate the task of the student.

It is natural that, in an anthology, the works of different authors will carry with them different editorial styles, thus giving rise to variations from one text to another in matters such as orthography, punctuation, use of capital letters, etc. It is clearly inadvisable to attempt to edit away all such variations. On the other hand, a certain degree of uniformity is desirable in a textbook, and we have felt justified in making a number of minor editorial changes to this end. Note in particular that 1) quotation marks have been used for dialogue, irrespective of whether the original text has quotation marks or dashes, and 2) a unified system of orthographic accentuation has been adopted for all texts: the grave accent is used throughout except for final accented close *e*, for which we use the acute; use of the accent is restricted to monosyllables, final syllables of words, and certain words ending in -*ìo*, -*ìa* in which the accent has become fairly well established.

Each scene of the plays, each short story, and each poem is complemented by a series of conversational questions pertaining to the meaning, the characters, the action, the style, the customs involved, and the personal reaction of the reader. Also included is a variety of practical, analytical exercises intended to enhance the interpretation of the content, the language, and the grammatical constructions, affording abundant opportunity for writing and conversing in Italian. References are provided to the relevant paragraphs of *Manuale di grammatica italiana* (abbreviated *MGI*) by A. Napolitano and M. Devine (Anma Libri, ed. 2, 1979).

The extensive reference vocabulary and the expressions translated in the marginal glosses should supply sufficient explanation and guidance for total comprehension on the part of the student.

TEATRO

The theater is said to be a re-creation of life, presented in an imaginative and interpretive form, so as to excite our interest and our participation as well as to delight us. The American poet, Robert Frost, defines literature in general as a ''performance in words.'' When we become intellectually and emotionally engaged in a literary work, we experience a kinship with the author to the point of thinking that he has managed to express ''our very feelings,'' or has given us at least an entirely different perspective on our own concepts. This is a deep and exciting experience. Even more exciting is a discovery of a kinship with a writer who expresses himself in a language other than our own and with whom we can share our impressions, our emotions, and all those elements of our inner reality.

The urge to sing, to tell stories, to act, and to entertain seems to be instinctive. We know that the distant origin of all art is to be found in this urge, and that the theater is a natural manifestation of the nature of man. Pirandello, in his essay on the theater, tells us ''il teatro è una forma della vita stessa,'' and that it is the vehicle through which man represents his own life because of his instinctive need to see himself perform and, consequently, judge himself and understand himself better in relation to others.

In a play, the author usually remains hidden, and his words are communicated by actors who impersonate the characters. Most plays follow a pattern of character introduction, of introduction of situations, establishing a conflict, so that we may have a plot or a story which will, in turn, reach a climax and then a possible final solution. Every performance of a play becomes the expression of the collaborated efforts, energies, and talents of the author, the director, and the cast. Our own active or passive participation is a unique experience wherein we become aware of our own potential and discover the versatility of our own imagination.

Terminologia

to act	recitare	**makeup man**	truccatore *m.*
actor	attore *m.*, comico	**makeup woman**	truccatrice *f.*
head actor	capocomico	**melodrama**	melodramma *m.*
aisle	corsia	**monologue**	monologo
amateur	dilettante *m., f.*	**orchestra seat**	posto in platea
audience	pubblico	**part, role**	parte *f.*, ruolo
applause	applausi *m. pl.*	**performance** *(of actor)*	esecuzione *f.*
art director	direttore di scena *m.*	**performance**	spettacolo
back drop	fondale *m.*	**play, comedy**	commedia
background	sfondo	**player**	attore *m.*, attrice *f.*
balcony	galleria	**playwright**	commediografo,
bit player	generico		drammaturgo
box	palco	**presentation**	presentazione *f.*
box seat	poltrona di palco	**producer**	impresario
bow	inchino	**program**	programma *m.*
callboy	buttafuori *m., f.*	**prompter**	suggeritore *m.*
character	personaggio	**prompter's box**	buca
character actor, actress	caratterista *m., f.*	**props**	attrezzi scenici *m.pl.*
comedian	comico, brillante	**prop man**	attrezzista *m., f.*
company	compagnia	**proscenium**	proscenio
company manager	amministratore *m.*	**rehearsal**	prova
cue	battuta	**role**	ruolo, parte *f.*
curtain call	chiamata alla ribalta	**row**	fila
debut	esordio, debutto	**scene**	scena, scenetta
dialogue	dialogo	**scenery**	scenario, quinte *f. pl.*
director	direttore *m.*	**script**	copione *m.*
drama	dramma *m.*	**skit**	bozzetto
dramatics	drammatica	**spectator**	spettatore *m.*
dramatist	drammaturgo	**spotlight**	riflettore *m.*
dressing room	camerino	**stage**	palcoscenico
entrance	entrata	**stage direction**	direzione *f.*
epilogue	epilogo	**stage direction** *(in script)*	didascalia
exit	uscita	**stage manager**	amministratore *m.*
extra player	comparsa	**supporting actor**	comprimario
extreme front of stage	ribalta	**supporting actress**	comprimaria
farce	farsa	**theater seat**	poltrona
farewell performance	serata d'addio *f.*	**theatrical performance**	rappresentazione *f.*
footlights	luci della ribalta *f. pl.*	**thespian art**	arte drammatica
furniture	mobilio	**ticket**	biglietto
gesture	gesto	**tragedy**	tragedia
heavy	duro	**upstage**	proscenio
interlude	interludio	**vaudeville**	spettacolo di varietà
leading lady	prima donna	**wardrobe**	costumi *m.*, vestiario
leading man	prim'attore *m.*	**wardrobe person**	costumista *m., f.*
line in a play	battuta	**whistle** *(of disapproval)*	fischio
makeup	trucco	**wing**	quinta

Luigi Pirandello

LUIGI PIRANDELLO (1867-1936), considerato il più celebre drammaturgo del ventesimo secolo, nacque ad Agrigento in Sicilia, dove
volle essere sepolto. Di famiglia agiata, frequentò l'università di Palermo, iscrivendosi contemporaneamente alle facoltà di lettere e di
legge. Studiò °in seguito all'università di Roma e poi a quella di Bonn   *later*
in Germania. Ritornato a Roma sposò Maria Antonietta Portulano,
figlia di un socio del padre, dalla quale ebbe tre figliuoli. Pochi anni
dopo, la moglie °fu colta da un'inguaribile, progressiva malattia men-   *was struck*
tale che causò angosciose sofferenze allo scrittore, influendo conside-
revolmente sul suo spirito. Secondo Pirandello, tutto è relativo: nulla
è certo. Noi non siamo quello che crediamo di essere, siamo diversi
ad ogni istante della nostra vita e diversi siamo da come ci credono
gli altri. Chi potrà mai scindere la finzione dalla realtà?

    Pirandello fu professore, critico, giornalista, saggista, novelliere,
poeta e drammaturgo. Il modo in cui egli °espresse i suoi concetti   *expressed his philosophical con-*
filosofici in tutte le sue opere e le sue innovazioni sulla tecnica sce-   *cepts*
nica influenzarono il teatro moderno italiano e mondiale. Egli si
distinse in ogni ramo della letteratura. Le sue poesie più note sono:
*Mal giocondo, Pasqua di Gea, Zampogna, Fuori di chiave, La favola del
figlio cambiato, Elegie romane.* Fra i suoi romanzi più famosi: *L'esclusa,
Il turno, Suo marito,* °*Si gira* ("Giustino Roncella"), *I quaderni di*   *filming*
Serafino Gubbio, operatore, Il fu Mattia Pascal. Fra le sue novelle troviamo: *Amori senza amore, Beffe della morte e della vita, Quando ero
matto, Bianche e nere, Erma bifronte, La vita nuda, Terzetti, Il carnevale dei
morti* e una serie di vividi racconti fra i quali *La fedeltà del cane* (vedere
p. 106).

    Ma il genio pirandelliano emerse soprattutto nell'ambito del tea-
tro. Le sue opere, °tuttora considerate all'avanguardia del teatro psi-   *even now*
cologico e filosofico, ricevono plauso ancor oggi °sulle scene del   *in the theaters*
mondo intero. °Apparve per prima *La morsa,* nel 1898, seguita, fra gli   *was the first to appear*
altri lavori da *Le lumìe di Sicilia, Il dovere del medico, La ragione degli
altri, Pensaci Giacomino, Così è (se vi pare), Il piacere dell'onestà, Il berretto
a sonagli, Ma non è una cosa seria, Come prima, meglio di prima, Questa
sera* °*si recita a soggetto, Enrico Quarto, La giara, Ciascuno a suo modo,*   *we will ad lib*
Come tu mi vuoi, e la sua più rinomata opera: *Sei personaggi in cerca
d'autore.*

LE LUMÌE DI SICILIA

PERSONAGGI

Micuccio Bonavino, sonatore di banda
Marta Marnis, madre di:
Sina Marnis, cantante

Ferdinando, cameriere
Dorina, cameriera
invitati
altri camerieri

In una città dell'Italia settentrionale
Oggi

ATTO UNICO

main glass door leads into a dark room

La scena rappresenta una camera di passaggio, con scarsa mobilia: un tavolino, alcune sedie. L'angolo a sinistra (dell'attore) è nascosto da una cortina. Usci laterali, a destra e a sinistra. In fondo, °l'uscio comune, a vetri, aperto, °dà in una stanza al buio, attraverso la quale si scorge una bussola che immette in un salone splendidamente illuminato. S'intravede in questo salone, attraverso i vetri della bussola, una sontuosa mensa apparecchiata.

È notte. La camera, al buio. Qualcuno ronfa dietro la cortina.

in his shirt sleeves · he only has to put on

Poco dopo levata la tela, Ferdinando entra per l'uscio a destra con un lume in mano. È °in maniche di camicia, ma °non ha che da indossare la marsina per essere pronto a servire in tavola. Lo segue Micuccio Bonavino, campagnuolo all'aspetto, col bavero del pastrano ruvido rialzato fin su gli orecchi, stivaloni fino al ginocchio, un sudicio sacchetto in una mano, nell'altra una vecchia valigetta e l'astuccio d'uno strumento musicale, che egli quasi non può più reggere, dal freddo e dalla stanchezza. Appena la camera si rischiara, cessa il ronfo dietro la cortina, donde Dorina domanda:

DORINA. Chi è?

FERDINANDO. (*posando il lume sul tavolino*) Ehi, Dorina, sù! Vedi che c'è qui il signor Bonvicino.

MICUCCIO. (*scotendo la testa per far saltare dalla punta del naso una gocciolina, corregge*) Bonavino, veramente.

FERDINANDO. Bonavino, Bonavino.

DORINA. (*dalla cortina, in uno sbadiglio*) E chi è?

how would Madam be related to you?

FERDINANDO. Parente della signora. (*a Micuccio*) °Come sarebbe di lei la signora, scusi? cugina forse?

MICUCCIO. (*imbarazzato, esitante*) Ecco, veramente no: non c'è parentela. Sono… sono Micuccio Bonavino; lei lo sa.

DORINA. (*incuriosita, sebbene ancor mezzo assonnata, uscendo fuori della cortina*) Parente della signora?

FERDINANDO. (*stizzito*) Ma che! No. Lasciami sentire: (*a Micuccio*) Compaesano? Perché mi avete allora domandato se c'era "zia" Marta? (*a Dorina*) Capisci? Ho creduto parente, nipote.—Io non posso ricevervi, caro mio.

MICUCCIO. Non potete ricevermi? Se vengo apposta dal paese!

FERDINANDO. Apposta, perché?

MICUCCIO. Per trovarla!

FERDINANDO. Ma non si viene a trovare a quest'ora. Non c'è!

MICUCCIO. Se il treno arriva adesso, °che posso farci io? *what can I do about it?* Potevo dire al treno: cammina più presto? (*congiunge le mani ed esclama sorridendo, come per persuadere a una certa indulgenza*) Treno è! Arriva quando deve arrivare.—Sono in viaggio da due giorni...

DORINA. (*squadrandolo*) E vi si vede, oh!

MICUCCIO. Sì, eh? molto? Come sono?

DORINA. Brutto, caro. Non v'offendete.

FERDINANDO. Io non posso ricevervi. Ritornate domattina e la troverete. Adesso la signora è a teatro.

MICUCCIO. °Macché tornare! Dove volete che vada io *what do you mean, return!* adesso, di notte, forestiere? Se non c'è, l'aspetto. Oh bella! Non posso aspettarla qua?

FERDINANDO. Vi dico che, senza permesso...

MICUCCIO. °Macché permesso! Voi non mi conoscete... *what permission!*

FERDINANDO. Appunto perché non vi conosco. Non voglio mica °prendermi una sgridata per voi! *to be scolded*

MICUCCIO. (*sorridendo con aria di sufficienza °gli fa cenno di no,* *he motions no to him* *col dito*) State tranquillo.

DORINA. (*a Ferdinando*) °Ma si, avrà proprio testa da badare *sure, she'll have other things on* a lui, questa sera, la signora! (*a Micuccio*) Vedete, caro? (*gli* *her mind than thinking of him* *indica il salone in fondo, illuminato*) Ci sarà una gran festa!

MICUCCIO. Ah sì? Che festa?

DORINA. °La serata... (*sbadiglia*) d'onore. *evening in her honor*

FERDINANDO. E finiremo, se Dio vuole, all'alba!

MICUCCIO. Va bene, °tanto meglio! Sono sicuro che appena *so much the better* Teresina mi vede...

FERDINANDO. (*a Dorina*) Capisci? La chiama così lui, Teresina, °senz'altro. Mi ha domandato se stava qui "Teresina la *just like that* cantante."

MICUCCIO. E che è? Non è cantante? Se si chiama cosi... °Volete insegnarmelo a me, lei? *are you trying to tell me who she is?*

DORINA. Ma dunque la conoscete proprio bene?

MICUCCIO. Bene? Cresciuti insieme, °da piccoli, io e lei! *as kids*

FERDINANDO. Che facciamo?

DORINA. E lascialo aspettare!

MICUCCIO. (*risentito*) Ma sicuro che aspetto... °Che vuol *what do you mean...I didn't come* dire? Mica sono venuto per... *[not to see her]*

FERDINANDO. Sedete pur là. Io me ne lavo le mani. Devo apparecchiare. (*s'avvia al salone in fondo*)

MICUCCIO. °È bella, questa! Come se io fossi... Forse perché *that's a good one* mi vede così, per tutto il fumo e il vento della ferrovia... Se lo dicessi a Teresina, quando ritorna dal teatro... (*ha come un dubbio, e si guarda intorno*) Questa casa, scusate, di chi è?

being amused by him   DORINA. (*osservandolo e °pigliandoselo a godere*) Nostra, finché ci stiamo.

he peers again   MICUCCIO. E dunque! (*°allunga di nuovo lo sguardo fino al salone*) È grande la casa?

DORINA. Così così.

MICUCCIO. Quello è un salone.

DORINA. Per il ricevimento. Questa notte ci si cena.

MICUCCIO. Ah! E che tavolata! che luminaria!

DORINA. Bello, eh?

MICUCCIO. (*si stropiccia le mani, contentone*) Dunque è vero!

DORINA. Che cosa?

they are well off   MICUCCIO. Eh... si vede... °stanno bene...

DORINA. Ma sapete chi è Sina Marnis?

MICUCCIO. Sina? Ah già! ora si chiama così. Me l'ha scritto zia Marta.—Teresina... sicuro... Teresina: Sina...

DORINA. Ma aspettate... ora che ci penso... voi... (*chiama Ferdinando dal salone*) Ps! Vieni, Ferdinando... Sai chi è? Quello a cui scrive sempre, lei, la madre...

MICUCCIO. Sa scrivere appena, poverina...

DORINA. Sì, sì, Bonavino. Ma... Domenico! Voi vi chiamate Domenico?

MICUCCIO. Domenico o Micuccio, è la stessa cosa. Noi diciamo Micuccio.

DORINA. Che siete stato malato, è vero? ultimamente...

MICUCCIO. Terribile, sì. Per morire. Morto! Con le candele accese.

DORINA. Che la signora Marta vi mandò un vaglia? Eh, mi ricordo... Siamo andate insieme alla Posta.

MICUCCIO. Un vaglia, sì. E sono anche venuto per questo. L'ho qua, il denaro.

DORINA. Glielo riportate?

MICUCCIO. (*si turba*) Denari, niente! Denari, non se ne deve

will they delay much longer? neanche parlare! Ma, dico, °staranno ancora molto a venire?

it will take a while yet   DORINA. (*guarda l'orologio*) Eh, °ci vorrà ancora... Questa sera poi, figuriamoci!

FERDINANDO. (*ripassando, dal salone all'uscio laterale a sinistra, con stoviglie, gridando*) Bene! Bravo! Bis! bis! bis!

MICUCCIO. (*sorridendo*) Gran voce, eh?

FERDINANDO. (*riavviandosi*) Eh sì... anche la voce...

MICUCCIO. (*si stropiccia di nuovo le mani*) Me ne posso van-

my doing   tare! °Opera mia!

DORINA. La voce?

MICUCCIO. Gliel'ho scoperta io!

DORINA. Ah sì? (*a Ferdinando*) Senti, Ferdinando? Gliel'ha scoperta lui—la voce.

MICUCCIO. Sono musicante, io.

FERDINANDO. Ah! musicante? Bravo! E che sonate? La tromba?

MICUCCIO. (*nega col dito, seriamente; poi dice*) No. Che tromba! L'ottavino. Sono della banda, io. La banda comunale del mio paese.

DORINA. Che si chiama... aspettate: me lo ricordo...

MICUCCIO. Palma Montechiaro, come volete che si chiami?

DORINA. Ah già, Palma—sì.

FERDINANDO. E dunque la voce gliel'avete scoperta voi?

DORINA. Sù, sù, diteci come avete fatto, figliuolo! °Sta' a sentire, Ferdinando.   °*listen*

MICUCCIO. (*alzando le spalle*) Come ho fatto! Cantava...

DORINA. E voi subito, musicante... eh?

MICUCCIO. No! subito, no; anzi...

FERDINANDO. °Vi c'è voluto del tempo?   °*did it take you some time?*

MICUCCIO. Lei cantava sempre... anche per dispetto...

DONRIA. Ah sì?

FERDINANDO. Perché, per dispetto?

MICUCCIO. Per non pensare a tante cose...

FERDINANDO. Che cose?

MICUCCIO. Dispiaceri, contrarietà, poveretta; eh sì, allora! Le era morto il padre. Io, sì, le aiutavo, lei e la madre, zia Marta. Mia madre però non voleva... e... insomma...

DORINA. °Le volevate bene, dunque?   °*did you love her?*

MICUCCIO. Io? a Teresina? Mi fate ridere! Mia madre pretendeva che la abbandonassi perché lei, poverina, non aveva nulla, °orfana di padre... mentre io, °bene o male, il posticino ce l'avevo, nella banda...   °*she was an orphan on her father's side* · °*in one way or another*

FERDINANDO. Ma... °niente niente, allora, fidanzati?   °*you were not engaged then*

MICUCCIO. Non volevano i miei parenti, allora! E apposta cantava per dispetto Teresina...

DORINA. Ah! °guarda, guarda... E allora voi?   °*you don't say*

MICUCCIO. Il cielo! Proprio posso dirlo: ispirazione del cielo! Nessuno ci aveva mai badato; neanche io. °Tutt'a un tratto... una mattina...   °*then suddenly*

FERDINANDO. Quando si dice la fortuna!

MICUCCIO. Non me lo scordo più! Era una mattina d'aprile. Lei cantava alla finestra, sui tetti... Stava in soffitta, allora!

FERDINANDO. Capisci?

DORINA. E zitto!

MICUCCIO. Che male c'è? °Di quest'erba si fa il fascio...   °*from a little acorn...*

that lovely country melody of ours

DORINA. Ma si sa! Dunque? Cantava?

MICUCCIO. Centomila volte l'avevo sentita, cantata da lei, °quell'arietta nostra paesana...

DORINA. Arietta?

I had never noticed it

MICUCCIO. Sì: una musica! °Non ci avevo mai fatto caso. Ma quella mattina... Un angelo, ecco, un angelo mi parve che cantasse! Zitto zitto, senza prevenire né lei né la madre, verso sera condussi sù nella soffitta il maestro della banda, che è

oh, a great friend, in fact

mio amico...—°Uh, amicone, per questo: Saro Malaviti... tanto buono, poveretto...—La sente...—lui è bravo, un maestro bravo... che lì a Palma lo conoscono tutti...—dice: "Ma

I rented

questa è una voce di Dio!" Figuratevi che allegrezza! °Presi a nolo un pianoforte, che per arrivare lassù, in soffitta... basta!

sheet music

Comprai °le carte da musica, e subito il maestro cominciò a darle lezione... ma così... contentandosi di qualche regaluccio

from time to time

che potevo fargli : °di tanto in tanto... Che ero io? Quel che sono adesso: un poveraccio... Il pianoforte costava, le carte costavano... e poi Teresina doveva nutrirsi bene...

FERDINANDO. Eh, si sa!

DORINA. Per aver forza di cantare...

MICUCCIO. Carne, ogni giorno! Me ne posso vantare!

by Jove

FERDINANDO. °Perbacco!

DORINA. E così?

and you could see right away

MICUCCIO. Cominciò a imparare. °E si vide fin d'allora... Stava lassù, in cielo si può dire... e si sentiva per tutto il

crowds of people—like that

paese, la gran voce... °La gente... così, sotto, nella strada, a sentire... Ardeva... ardeva proprio... E quando finiva di cantare, m'afferrava per le braccia... così (*afferra Ferdinando*) e mi scrollava... pareva una matta... Perché lei già lo sapeva; vedeva che cosa sarebbe diventata... Il maestro poi ce lo diceva. E lei non sapeva come dimostrarmi la sua gratitudine. Zia Marta, invece, poveretta...

DORINA. Non voleva?

she had been through so much
that Teresina should even think

MICUCCIO. Non che non volesse; non ci credeva, ecco. °Ne aveva viste tante, povera vecchia, in vita sua, che non avrebbe voluto neppure °che a Teresina passasse per il capo di sollevarsi dallo stato, a cui essa da tanto tempo s'era rasse-

she was afraid
I broke off with everybody

gnata. °Aveva paura, ecco. E poi sapeva quel che costava a me... e che i miei parenti... Ma °io la ruppi con tutti, con mio padre, con mia madre, quando venne a Palma un certo mae-

gave concerts

stro di fuori... che °teneva concerti... uno... adesso non ricordo più come si chiama, ma nominato assai... basta! Quando questo maestro sentì Teresina e disse che sarebbe stato un peccato, un vero peccato non farle proseguire gli studii in una

I became very excited

città, in un gran Conservatorio... io °presi fuoco: la ruppi con tutti; vendetti il podere che m'aveva lasciato, morendo, un mio zio sacerdote, e mandai Teresina a Napoli, al Conservatorio.

FERDINANDO. Voi?

MICUCCIO. Io, io.

DORINA. (*a Ferdinando*) A sue spese, capisci?

MICUCCIO. Quattr'anni °la mantenni agli studii. Quattro.—Non l'ho più riveduta, da allora.

I kept her at school

DORINA. Mai?

MICUCCIO. Mai. Perché... perché poi °si mise a cantare nei teatri, capite? °di qua, di là... °Preso il volo, da Napoli a Roma, da Roma a Milano... poi in Ispagna... poi in Russia... poi qua di nuovo...

she started to sing
now here, now there · she took off

FERDINANDO. Furori!

MICUCCIO. Eh, lo so! Ce li ho tutti li, nella valigia, i giornali... E qui poi ci ho anche le lettere... (*cava dalla tasca in petto della giacca un mazzetto di lettere*) sue e della madre... °Ecco qua: queste sono parole sue, quando mi mandò il denaro, che °stavo per morire: "Caro Micuccio, non ho tempo di scriverti. Ti confermo quanto ti dice la mamma. Curati, rimettiti presto e °voglimi bene. TERESINA."

here they are

I was about to die

love me

FERDINANDO. E... vi mandò assai?

DORINA. Mille lire, no?

MICUCCIO. Mille, già.

FERDINANDO. E il vostro podere, scusate, quello che vendeste, quanto valeva?

MICUCCIO. Ma che poteva valere? Poco... Un pezzettino di terra...

FERDINANDO. (*ammiccando a Dorina*) Ah...

MICUCCIO. Ma l'ho qua, io, il danaro. Non voglio niente, io. Quel poco che ho fatto, l'ho fatto per lei. °Eravamo rimasti d'accordo d'aspettare due, tre anni, °perché lei si facesse strada... Zia Marta me l'ha sempre ripetuto nelle sue lettere. Dico la verità, ecco: questo danaro non me l'aspettavo. Ma se Teresina me l'ha mandato, °è segno che ne ha d'avanzo, perché la strada se l'è fatta...

we had agreed
so that she could get started

it's a sign that she's got more than enough

FERDINANDO. °Eh, altro! °E che strada, caro voi!

and how! · and what a career, dear fellow

MICUCCIO. E dunque è tempo—

DORINA. —di sposare?

MICUCCIO. Io sono qua.

FERDINANDO. Siete venuto per sposare Sina Marnis?

DORINA. Sta' zitto! Se c'è la promessa! Non capisci niente. Sicuro! Per sposare...

MICUCCIO. Io non dico niente: dico: sono qua. °Ho piantato tutto e tutti, lì al paese: la famiglia, la banda, ogni cosa. Ho

I dropped everything

because of litigato coi miei parenti °per via di queste mille lire che arriva-
rono senza ch'io lo sapessi, quand'ero più morto che vivo. Ho
dovuto strapparle di mano a mia madre, che se le voleva
tenere. Ah, nossignori, °denari, niente! Micuccio Bonavino,
I never accept money
at the end of the world denari, niente! Dovunque sia, anche °in capo al mondo, io,
per me, non posso perire. L'arte, ce l'ho. Ci ho là l'ottavino,
e...

DORINA. Ah sì? Avete portato con voi l'ottavino?

we are one thing MICUCCIO. E come no! °Facciamo una cosa sola, io e lui!

FERDINANDO. Lei canta, e lui suona. Capisci?

MICUCCIO. Non potrei sonare in orchestra, forse?

FERDINANDO. Ma sicuro! Perché no?

DORINA. E... sonerete bene, m'immagino!

MICUCCIO. Così così... Suono da dieci anni...

FERDINANDO. Se ci faceste sentire qualche cosa? (*va a prendere l'astuccio dello strumento*)

DORINA. Sì, sì, bravo! bravo! Fateci sentire qualche cosa!

MICUCCIO. Ma no! Che volete sentire? a quest'ora?

DORINA. Qualche cosina, via! Siate buono!

FERDINANDO. Un pezzettino...

MICUCCIO. Ma no! Ma che!

FERDINANDO. Non vi fate pregare! (*apre l'astuccio; ne cava lo
strumento*) Ecco qua!

DORINA. Sù, via! Per sentire...

MICUCCIO. Ma non è possibile... così... io solo...

DORINA. Non importa! Sù! Provatevi!

FERDINANDO. Altrimenti, ohé, suono io!

MICUCCIO. Per me, se volete... Vi suono l'arietta che cantava Teresina, in soffitta, quel giorno?

FERDINANDO e DORINA. Sì! Sì! Bravo! quella! (*Micuccio siede
e si mette a sonare con grande serietà. Ferdinando e Dorina fanno
sforzi per non ridere. Sopravvengono ad ascoltare l'altro cameriere in
they motion to them not to laugh marsina, il cuoco, il guattero, a cui i due primi °fan cenni di star seri
and to listen · suddenly e zitti, a sentire. La sonata di Micuccio è interrotta °a un tratto da un
forte squillo del campanello*)

FERDINANDO. Oh! Ecco la signora!

DORINA. (*all'altro cameriere*) Sù, sù, andate voi ad aprire! (*al
cuoco e al guattero*) E voi, subito, sbrigatevi! Ha detto che vuole
to sit down to dinner · exits °andare a tavola appena rientra. (°*via l'altro cameriere e il cuoco e
(theatrical idiom) il guattero*)

FERDINANDO. La mia marsina... Dove l'ho messa?

she leaves hurriedly DORINA. Di là! (*indica dietro la tenda, e °s'avvia di corsa. Micuccio si alza, con lo strumento in mano, smarrito. Ferdinando va a
he puts it on · hurriedly prendere la marsina, °se la reca in dosso, °di furia; poi, vedendo che
Micuccio sta per andare anche lui dietro a Dorina, lo arresta sgarbata-
mente*)

FERDINANDO. Voi rimanete qua! Devo prima avvertire la signora. (*Ferdinando, via. Micuccio resta avvilito, confuso, oppresso da un angoscioso presentimento*)

LA VOCE DI ZIA MARTA. (*dall'interno*) Di là, Dorina! In sala! in sala! (*Ferdinando, Dorina, l'altro cameriere, rientrano dall'uscio a destra e attraversano la scena, diretti al salone in fondo, reggendo magnifiche ceste di fiori, corone, ecc. Micuccio sporge il capo a guardare nel salone, e vi intravede tanti signori in marsina che parlano tra loro confusamente. Dorina rientra in gran fretta in iscena, diretta all'uscio a destra*)

MICUCCIO. (*toccandole il braccio*) Chi sono?

DORINA. (*senza fermarsi*) Gli invitati! (*Via. Micuccio °guarda di nuovo. La vista gli si annebbia. E tanto lo stupore, tanta la commozione, che non s'accorge egli stesso che gli occhi gli si sono riempiti di lagrime. Li chiude, e si restringe in sé, quasi per resistere all'ansietà e allo strazio che gli cagiona una squillante risata: Sina Marnis ride così, °di là. Dorina rientra con altre due ceste di fiori*)   °looks again

DORINA. (*senza fermarsi, diretta al salone*) °O che piangete?   °in there / °hey, are you crying?

MICUCCIO. Io? No... Tutta quella gente...

(*Entra dall'uscio a destra zia Marta °col cappello in capo, oppressa, povera vecchia, da una ricca, splendida mantiglia di velluto. Appena vede Micuccio dà un grido subito represso*)   °wearing a hat

MARTA. Come! Micuccio... tu qua?

MICUCCIO. (°*scoprendo il volto e restando, quasi impaurito, a contemplarla*) Zia Marta... Oh Dio... voi, così?   °noticing her face

MARTA. Che... che mi vedi?

MICUCCIO. Col cappello? voi?

MARTA. Ah, già... (*tentenna il capo e alza una mano. Poi, sconvolta*) °Ma come mai? Senza avvertire! Che è stato?   °but how come

MICUCCIO. Sono... sono venuto...

MARTA. Giusto questa sera! Oh Dio, Dio... Aspetta... Come si fa? Come si fa? Vedi quanta gente, figliuolo mio? È la festa di Teresina...

MICUCCIO. Lo so.

MARTA. La sua serata, capisci? Aspetta—aspetta un po' qua...

MICUCCIO. Se voi... se voi credete che me ne debba andare...

MARTA. No: aspetta un po', ti dico. (*s'avvia per il salone*)

MICUCCIO. Io però non saprei... in questo paese...

(*Zia Marta si volta, gli fa cenno con la mano guantata d'attendere, ed entra nel salone, ove °si fa a un tratto un gran silenzio. Si odono chiare, distinte, queste parole di Sina Marnis: "Un momento, signori!" Di nuovo Micuccio si nasconde la faccia tra la mani. Ma Sina non viene. Torna invece poco dopo zia Marta, senza cappello, senza guanti, senza mantiglia, meno imbarazzata*)   °suddenly there is absolute silence

MARTA. Eccomi qua… eccomi qua…

MICUCCIO. E… e Teresina?

MARTA. L'ho avvisata… gliel'ho detto… Ora, appena… *she will show up* appena può, un momentino… °si farà vedere… Noi, intanto, ce ne staremo un po' qua, eh?… sei contento?

MICUCCIO. Per me…

MARTA. Io starò con te.

MICUCCIO. Ma no… se… se volete… se dovete andare di là anche voi…

MARTA. No no… Adesso di là si cena, capisci? Ammiratori… l'impresario… La carriera, capisci? Ce ne staremo qua noi *right away* due. Dorina ci apparecchierà °subito subito questo tavolino… *we will remember those wonderful* e… e ceneremo insieme, io e tu, qui, eh? Che ne dici? Noi due *days* soli. °Ci ricorderemo de' bei tempi… (*rientra Dorina dall'uscio a sinistra, con una tovaglia e l'occorrente per apparecchiare*) Sù, sù, Dorina… Qua, lesta… per me e per questo mio caro figliuolo. Caro il mio Micuccio! Non mi par vero di trovarmi con te.

DORINA. Ecco. Intanto, seggano.

MARTA. (*sedendo*) Sì sì… Qua, così appartati… noi due so- *cannot help it* li… Lì, capirai… tanti signori… Lei, poverina, °non può farne *what can one do* a meno… La carriera… °come si fa? Li hai veduti i giornali? *I feel as though I were floating on* Cose grandi, figlio mio! Cose grandi… E io, sai? °sono come *the sea* sopra mare… Non mi par vero che me ne possa star sola con te, qua, stasera. (*si stropiccia le mani e sorride, guardandolo con occhi inteneriti*)

MICUCCIO. (*cupo, con voce angosciata*) E… verrà, vi ha detto? Dico… dico per… per vederla, almeno…

a free moment MARTA. Ma certo che verrà! Appena avrà °un momentino di largo, non te l'ho detto? Ma anche per lei, figurati che *to be here* piacere sarebbe °starsene qua con noi… con te, dopo tanto tempo… Quanti anni sono? Tanti, tanti… Ah, figlio mio, mi pare ieri e mi pare un'eternità… Quante e quante cose ho visto… cose che… che non mi paiono vere. Non l'avrei cre- duto, se qualcuno me l'avesse detto, quando stavamo là, a Palma, che tu venivi sù in soffitta… coi nidi delle rondinelle nella travatura del tetto, ti ricordi? che ci svolavano per casa… in faccia tante volte… e i miei bei vasi di basilico alla finestra… *what's happened to her?* E donna Annuzza, donna Annuzza? la vicinella nostra? °che ne è?

MICUCCIO. Eh… (*fa con due dita il segno della benedizione, per significare: Morta!*)

MARTA. Morta? Eh, me l'immaginavo…Vecchierella fin d'al- lora… più di me… Povera donn'Annuzza… col suo spic- chietto d'aglio… ti ricordi? veniva con questa scusa… uno *just when we were starting to eat* spicchietto d'aglio in prestito, °giusto quando stavamo a mandar giù un boccone... e... Poveretta! E chi sa quanti altri morti, eh? a Palma... Ma! almeno, morti, riposano là, nel nostro camposanto, coi loro parenti... Mentre io... chi sa dove lascerò io queste mie ossa... Basta... °sù, sù... non ci pensiamo! (*viene Dorina col primo servito e s'accosta a Micuccio, perché si serva*) Oh, brava Dorina... (*Micuccio guarda Dorina, poi zia Marta, confuso, impacciato; alza le mani per servirsi, vede che sono sudice dal viaggio e le riabbassa più che mai confuso*) Qua, qua, Dorina! Faccio io... Lo servo io... (*eseguisce*) Così... va bene, eh?

come now

MICUCCIO. Sì, sì... grazie...

MARTA. (*che si è servita*) Ecco qua...

MICUCCIO. (°*strizzando un occhio e facendo con una mano un gesto espressivo su la guancia*) Uhm... Roba... roba buona...

winking

MARTA. La serata d'onore, capisci? Sù, mangiamo! Ma prima... (*si fa il segno della croce*) Qua posso farmela, davanti a te... (*Micuccio si fa anche lui il segno della croce*) Bravo figliuolo! Anche tu... Bravo il mio Micuccio, sempre lo stesso, poverino! Credi che... quando mi tocca di mangiare lì... senza potermi fare la croce... mi pare che, quel che mangio, non mi possa andar giù... Mangia, mangia!

MICUCCIO. Ah, ho una fame, io! Non... non mangio da due giorni, sapete!

MARTA. Come! Non hai mangiato in viaggio?

MICUCCIO. M'ero portato da mangiare... Ce l'ho lì, nella valigia. Ma...

MARTA. Ma?

MICUCCIO. Ve lo debbo dire? Mi... mi sono vergognato, zia Marta. Mi... mi pareva poco, e che tutti me lo dovessero guardare...

MARTA. Oh, che sciocco! °E sei rimasto digiuno? Sù, sù... mangia, povero Micuccio mio... Sicuro che devi aver fame! Due giorni... E bevi... sù, bevi... (*gli versa da bere*)

and you haven't eaten?

MICUCCIO. Grazie... Ora bevo... (°*Di tratto in tratto, °ogni qual volta i camerieri, entrando nella sala in fondo coi serviti o uscendone, schiudono la bussola, viene di là come un'ondata di parole confuse e scoppii di risa. Micuccio alza il capo dal piatto, turbato, e guarda gli occhi dolenti e affettuosi di zia Marta quasi per leggervi una spiegazione*) Ridono...

from time to time · each time

MARTA. Già... Bevi, bevi... Ah, il buon vino nostro, Micuccio! Quanto lo desidero, sapessi! quello di ''Michelà'' °che stava sotto di noi... Che ne è, di Michelà? che ne è?

who lived downstairs

MICUCCIO. Michelà? Sta bene, sta bene...

MARTA. E sua figlia Luzza?

MICUCCIO. Ha sposato... Ha già due figliuoli...

MARTA. Sì? davvero? Veniva sù a trovarci, ti ricordi? sempre allegra! Oh la Luzza... guarda... guarda... ha sposato... Chi ha sposato?

MICUCCIO. Totò Licasi, quello del dazio, sapete?

MARTA. Ah sì? Buono... E donna Mariangela, dunque, nonna? già nonna?—Beata lei! Due figliuoli, hai detto?

MICUCCIO. Due, già... (*si turba, a un'altra ondata di rumori dal salone*)

MARTA. Non bevi?

MICUCCIO. Sì... ora...

MARTA. Non ci badare! Si sa, ridono: sono in tanti! Caro mio, è la vita, che vuoi? la carriera. C'è l'impresario... (*Dorina si ripresenta con un nuovo servito*) Ecco, Dorina... Qua, Micuccio, il piatto... Anche questo ti piacerà. (*facendogli la porzione*) Dimmi tu...

serving him a portion

MICUCCIO. Fate voi, fate voi!

MARTA. (*facendogli la porzione*) Ecco, così. (*si serve anche lei. Dorina, via*)

you really astonish me

MICUCCIO. Come avete imparato bene voi! °Mi fate restare proprio a bocca aperta!

I had to

MARTA. °Per forza, figlio mio!

MICUCCIO. Quando v'ho vista con quella mantiglia di velluto... col cappello in capo...

MARTA. Per forza! Non mi ci far pensare!

you have to look your best

MICUCCIO. Lo so... eh! °dovete fare la vostra comparsa! Ma se vi vedessero, se vi vedessero vestita così a Palma, zia Marta!

I feel so embarrassed
I feel as if it was all make-believe

MARTA. (*nascondendosi la faccia con le mani*) Oh Dio mio, non mi ci far pensare, ti dico! Ci credi che... se ci penso... °mi prende una vergogna! Mi guardo; dico: "Io, così?" e °mi pare che sia per finta... Ma come si fa? Per forza!

MICUCCIO. Ma, dunque... dunque, dico, proprio... già arrivata? Si vede! Grandezze!—La... la pagano bene, eh?

MARTA. Ah, si... bene...

MICUCCIO. Quanto per sera?

MARTA. Secondo. Secondo le... le stagioni... i... teatri, capisci? Ma, sai figlio mio? costa, eh, costa, costa pur tanto

there isn't enough money

questa vita... °Non c'è denari che bastino! Tanto, tanto costa, se sapessi! Se... se ne vanno come vengono... abiti, gioie... spese d'ogni genere... (*s'interrompe a un forte strepito di voci nel salone in fondo*)

VOCI. Dove? dove? Lo vogliamo sapere! Dove?

VOCE DI SINA. Un momento! Vi dico un momento!

MARTA. Eccola! È lei... Viene... (*Sina tutta frusciante di seta, parata splendidamente di gemme, nudo il seno, nude le spalle, le*

braccia, si presenta frettolosa e pare che la cameretta °d'un tratto
s'illumini violentemente) · *suddenly*

MICUCCIO. (*che aveva steso la mano al bicchiere, resta col volto
in fiamme, °gli occhi sbarrati, la bocca aperta, abbarbagliato e istupidito, a mirare, come innanzi a un'apparizione di sogno; balbetta*) · *glaring*
Teresina…

SINA. Micuccio? Dove sei? Ah eccolo qua… Come va? come
va? Stai bene, ora? Bravo, bravo… Sei stato malato, eh? Senti,
ci rivedremo tra poco… °Tanto, qua hai con te la mamma… · *anyway*
°Siamo intesi, eh? °Tra poco… (*scappa via di nuovo. Micuccio · *do we agree? · in a little while*
rimane trasecolato, mentre nel salone scoppiano altre grida alla ricom-
parsa di Sina*)

MARTA. (*dopo una lunga pausa, domanda timorosa, per rompere
l'attonimento in cui egli è caduto*) Non mangi più? (*Micuccio la
guarda sbalordito, senza comprendere*) Mangia… (*gl'indica il
piatto*)

MICUCCIO. (*si porta due dita al colletto affumicato e spiegazzato e
se lo tira, provandosi a trarre un lungo sospiro*) Mangiare? (*agita
più volte le dita presso il mento, come se salutasse, per significare:
°non mi va più, non posso. Sta ancora un pezzo silenzioso, avvilito, · *I don't feel like eating any more*
assorto nella visione °or ora avuta, poi mormora*) °Come s'è fatta… · *he just had · how she's changed*
Non… non mi è parsa vera… Tutta… tutta… così… (*accenna,
senza sdegno ma con stupore, alla nudità di Sina*) Un sogno… La
voce… gli occhi… Non è… non è più lei… Teresina… (*accorgendosi che zia Marta scuote mestamente il capo e che ha sospeso
anche lei di mangiare, come aspettando*) Che!… Neanche… °nean- · *I wouldn't even think about it any*
che a pensarci più… Tutto finito… chi sa da quanto!… E io, · *more*
sciocco… io, stupido… Me lo avevano detto al paese… e io…
mi sono rotte le ossa a… a venire… Trentasei ore di ferrovia…
per… per fare… Per questo, il cameriere e quella là… Dorina… che risate! Io, con… (*accosta più volte tra loro gl'indici delle
due mani e sorride malinconicamente, scotento il capo*) °Ma me lo · *but should I have expected it?*
potevo figurare? Ero venuto per… perché lei, Teresina, me…
me lo aveva promesso… Ma forse… eh sì!… come avrebbe
potuto lei stessa allora supporre che un giorno sarebbe divenuta così? Mentre io… là… sono rimasto… col mio ottavino…
nella piazza del paese… lei… °lei tanta via… °Ma che! Nean- · *she, so successful · forget it!*
che a pensarci più… (*si volta, brusco, a guardare zia Marta*) Se
ho fatto qualche cosa per lei, nessuno qua ora, zia Marta,
deve sospettare che io, con questa mia venuta, °voglia accam- · *want to move in*
pare… (*si turba sempre più, si leva in piedi*) Anzi, aspettate! (*si
caccia una mano nella °tasca in petto della giacca e ne trae il portafo- · *breast pocket*
gli*) Ero venuto anche per questo: per restituirvi questo denaro
che mi avete mandato. °Vuol essere pagamento? restituzione? · *is it meant to be in payment?*
°Che c'entrava! Vedo che Teresina è divenuta una… una re- · *but for what reason?*

gina! Vedo che… niente! neanche a pensarci più! Ma questo denaro, no! non mi meritavo questo da lei… °Che c'entra! È finita, e non se ne parla più…: °ma denari, niente! denari, a me, niente! Mi dispiace solo che non sono tutti…

why do it?
but money, I don't want any

MARTA. (*tremante, afflitta, con le lagrime agli occhi*) Che dici, che dici, figliuolo mio?

motioning for her to be silent

MICUCCIO. (°*facendole segno di star zitta*) Non li ho spesi io: li hanno spesi i miei parenti, durante la malattia, senza ch'io lo sapessi. Ma vanno per quei pochi quattrinucci che spesi io allora per lei… vi ricordate? Non è niente… Non ci pensiamo più. Qua c'è °il resto. E io me ne vado.

whatever is left

MARTA. Ma come! Così subito? Aspetta almeno che lo dica a Teresina. Non hai sentito che voleva rivederti? Vado ad avvertirla…

keeping her from getting up

MICUCCIO. (°*trattenendola a sedere*) No, è inutile. Sentite! (*giunge dal salone il suono del pianoforte e un coro salace e sguaiato d'operetta °intonato, tra le risa, da tutti i commensali*) Lasciatela star lì… Lì sta bene, al suo posto… Io, poveretto… L'ho veduta; m'è bastato… O piuttosto… andate pure voi di là… Sentite come si ride? Io non voglio, non voglio che si rida di me… Me ne vado…

combined with the laughter

MARTA. (*interpretando nel peggior senso quella risoluzione improvvisa di Micuccio, cioè come un atto di sdegno, un moto di gelosia, dice tra le lagrime*) Ma io… io non posso più °farle la guardia, figliuolo mio…

watch over her

MICUCCIO. (*leggendole a un tratto negli occhi il sospetto ch'egli non ha ancora avuto, le grida, °rabbuiandosi in volto*) Perché?

his face showing anger

MARTA. (*si smarrisce, si nasconde la faccia tra le mani, ma non riesce a frenar l'impeto delle lagrime irrompenti: e dice soffocata dai singhiozzi*) Sì, sì, vattene, figlio mio, vattene… Non è più per te, hai ragione… °Se mi aveste dato ascolto…

if you had listened to me
forcedly

MICUCCIO. (*prorompendo, chino su lei, e strappandole °a forza una mano dal volto*) Dunque… Ah, lei dunque, lei… lei non è più degna di me? (*il coro e il suono del pianoforte seguitano nel salone*)

anguished, crying, she motions
yes
please · for my sake

MARTA. (°*accenna, angosciata, piangente, di sì col capo, poi alza le mani giunte in preghiera, con atto così supplice e accorato che l'ira di Micuccio cade subito*) °Per carità, per carità, °per pietà di me, Micuccio mio!

I will go just the same
in fact, even more so now

MICUCCIO. Basta, basta… °Me ne vado lo stesso… Anzi, °anzi… tanto più ora… (*rientra a questo punto dal salone Sina. Subito Micuccio lascia zia Marta e si volta a lei; la afferra per un braccio e °se la tira davanti*) Ah, per questo, dunque… tutta… tutta così? (*accenna con schifo alla nudità*) Petto… braccia… spalle…

he pulls her in front of him

MARTA. (*di nuovo, supplice, con terrore*) Per pietà, Micuccio!

MICUCCIO. No. °State tranquilla. Non le faccio niente. °Me ne vado. Che sciocco, zia Marta! non lo avevo capito…—Non piangete, non piangete…—°Tanto, che fa? Fortuna, anzi! Fortuna… (*così dicendo, riprende la valigetta e il sacchetto e s'avvia per uscire; ma °gli viene in mente che lí, dentro il sacchetto, ci sono le belle lumìe, ch'egli aveva portato a Teresina dal paese*) Oh, me ne scordavo: guardate, zia Marta… Guardate qua… (°*scioglie la bocca al sacchetto e, °facendo riparo d'un braccio, versa su la tavola i freschi frutti fragranti*)

SINA. (°*facendo per accorrere*) Oh! Le lumìe! le lumìe!

MICUCCIO. (*subito fermandola*) Tu non le toccare! Tu non devi neanche guardarle da lontano! (*ne prende una e la avvicina al naso di zia Marta*) Sentite, sentite l'odore del nostro paese…—E °se mi mettessi a tirarle °a una a una su le teste di quei galantuomini là?

MARTA. No, per carità!

MICUCCIO. Non temete. Sono per voi sola, badate, zia Marta! Le avevo portate per lei… (*indica Sina*) °E dire che ci ho anche pagato il dazio… (*vede sulla tavola il danaro, °tratto poc'anzi dal portafogli; lo afferra e °lo caccia nel petto di Sina, °che rompe in pianto*) Per te, c'è questo, ora. Qua! qua! ecco! così! E basta!—Non piangere!—Addio, zia Marta!—Buona fortuna! (*si mette in tasca il sacchetto vuoto, prende la valigia, l'astuccio dello strumento, e va via*)

don't worry · I'm leaving

anyway, what does it matter?

he remembers

he unties the top of the small sack
protecting them with this arm

starting to run toward [them]

if I were to throw them? · one by one

and to think
which he had just taken out
he stuffs it in Sina's bosom · who bursts into tears

TELA

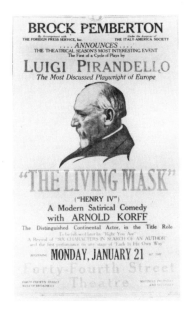

a sinistra

Manifesto per una rappresentazione dell'Enrico IV di LUIGI PIRANDELLO a New York.

a destra

Disegno di Fulvio Bianconi per la copertina dell'edizione Garzanti delle commedie di DARIO FO.

Conversazione

A.

1. Che cosa sono le lumìe di Sicilia?
2. Descrivere l'arredamento della scena.
3. Chi sono i personaggi in iscena all'alzarsi del sipario e cosa fanno?
4. Chi è Micuccio e com'è vestito?
5. Che cosa gli indica Ferdinando e come risponde Micuccio?
6. Che cosa dice Dorina a Micuccio?
7. Perché Micuccio chiama Sina Marnis: Teresina?
8. Secondo Dorina, chi sarebbe Micuccio?
9. Perché la Signora Marta mandò un vaglia a Micuccio?
10. Di che cosa si vanta Micuccio?

B.

1. Per quale ragione cantava Teresina al paese?
2. Perché non si fidanzarono Micuccio e Teresina?
3. Come scoprì Micuccio che Teresina aveva una bella voce e che cosa fece per lei?
4. Come riuscì a farle dare lezioni di canto?
5. Che altro fece Micuccio per Teresina?
6. Che contrasto c'era fra lei e la madre per il canto, e perché?
7. Che sacrifici fece Micuccio per Teresina, e perché?
8. Per quale motivo Micuccio non aveva riveduto Teresina da quattro anni?
9. Cosa gli scrisse Teresina, e per quale ragione?
10. Perché Micuccio ha piantato tutto e tutti al paese?
11. Cosa sta dicendo Micuccio quando incominciano ad arrivare gli ospiti?

C.

1. Qual'è la reazione di Micuccio quando Ferdinando gli impedisce di vedere Teresina?
2. Quali emozioni prova Micuccio nell'intravvedere Teresina?
3. Come si presenta zia Marta e in che modo riceve Micuccio?
4. Perché zia Marta rimane a mangiare con Micuccio?
5. Perché non è permesso a Micuccio di unirsi agli invitati e dove è servito?
6. Quali scuse fa zia Marta per la figlia?
7. Che cosa rievocano insieme, Micuccio e zia Marta?
8. Perché Micuccio non ha mangiato da due giorni?
9. Che cosa succede intanto nel salone?

D.

1. Descrivere l'abbigliamento di Sina e l'effetto che fa su Micuccio.
2. Come si comporta Sina con Micuccio, e cosa gli dice?

3. Quali sono i commenti di Micuccio dopo che Sina se n'è ritornata con gli ospiti?
4. Di che cosa si rende finalmente conto Micuccio?
5. Cosa dice Micuccio del denaro che gli ha mandato zia Marta, e che cosa ne vuol fare?
6. Che cosa lascia capire zia Marta a Micuccio rispetto all'onore della figlia?
7. Che offesa lancia Micuccio a Sina al suo riapparire e cosa le dice rispetto alle lumìe?
8. Che cosa rappresentano simbolicamente le lumìe?
9. Perché l'autore ha scelto questo frutto?

E. ___

1. Quale reazione suscita l'ingenua generosità di Micuccio?
2. Quale reazione personale suscita il comportamento di Sina?
3. Con che gesto di disprezzo Micuccio umilia Teresina?
4. Quali illusioni aveva Micuccio su Teresina e qual'è la realtà che deve affrontare?
5. Che contrasto di valori morali esiste tra il mondo provinciale di Micuccio e quello mondano di Sina?
6. Quale filosofia pirandelliana scaturisce da quest'opera?

Progetto di rappresentazione

1. Scegliere delle scene della commedia e recitarle in classe.
2. Alternare gli interpreti ripetutamente per ogni scena per un'eventuale selezione finale a voto a cui parteciperà l'intera classe.
3. La commedia sarà indi recitata per intero, in classe o in teatro, dagli interpreti scelti.
4. La rappresentazione della commedia potrà anche essere ripresa su 'video-tape,' per una susseguente analisi in classe.

Esercizi tematici

A. *Trattare i seguenti argomenti oralmente o per iscritto:*

1. la semplicità della vita e della gente del piccolo paese siciliano, Palma di Montechiaro
2. l'ambiente vano e mondano del circolo di amici e di ammiratori di Sina Marnis
3. la fedeltà della zia Marta ai suoi valori morali
4. la metamorfosi di Teresina in Sina Marnis e le conseguenze della celebrità o della debolezza del suo carattere
5. la trasformazione dell'atteggiamento di Micuccio dalle prime scene al suo ultimo dialogo con Sina Marnis

B. *Intervistare in qualità di giornalista i personaggi principali di questa commedia, indagando le ragioni psicologiche delle loro azioni. Gli interpreti dei personaggi dovranno immedesimarsi nei loro ruoli e rispondere alle domande del giornalista.*

PERSONAGGI PRINCIPALI

Micuccio Bonavino
Sina Marnis
La zia Marta
Ferdinando e Dorina (insieme)

Il Giornalista

C. *Discutere la commedia, sviluppando i seguenti aspetti:*

1. ambiente
2. personaggi
3. rapporti fra i personaggi
4. reazioni del lettore al racconto

D. *Scrivere un componimento sul fenomeno dell'improvvisa celebrità di Sina Marnis che ha trasformato la sua mentalità e il suo comportamento.*

E. *Sviluppare i seguenti punti inerenti alla commedia in maniera affermativa o negativa:*

1. Sarebbe stato preferibile che Micuccio non avesse fatto studiare il canto a Teresina?
2. Non sarebbe stato logico che Sina Marnis fosse stata riconoscente a Micuccio e che gli avesse dimostrato la sua gratitudine?
3. Sarebbe stato consigliabile che Micuccio non si fosse mai recato a trovare Sina Marnis e zia Marta?

Esercizi di lessico

A. *Comporre una frase per ogni espressione idiomatica qui sotto elencata:*

1. figuriamoci	7. strizzando un occhio
2. prendere a nolo	8. per carità
3. eravamo rimasti d'accordo...	9. di tratto in tratto
8. non ci badare	10. se mi aveste dato ascolto
5. ho piantato tutto	11. non mi va più
6. ne ha d'avanzo	12. siamo intesi

B. *Accoppiare i sostantivi della prima colonna con i verbi appropriati della seconda e formare delle frasi usando dei tempi a piacere:*

l'impresario	osservare
la carriera	rimettersi
la poverina	vantarsi

gli ammiratori	vuotare
il forestiere	suonare
la cantante	scoprire
la vecchiarella	crescere
l'orologio	abbandonare
il figliuolo	rassegnarsi
la tavola	pretendere
il fidanzato	rischiare
il bicchiere	applaudire

C. *Accoppiare i sinonimi qui sotto elencati:*

la seggiola	i quattrini
il momento	le lumìe
cavare	il dazio
sgarbatamente	il sacerdote
il cameriere	il minuto
la cortina	timorosa
tirar fuori	il servo
il denaro	la sedia
i limoni	scortesemente
timida	la tendina
il terreno	il podere
il prete	la dogana

Esercizi di grammatica

A. *Mettere i verbi delle seguenti frasi al futuro, al condizionale, all'imperfetto, al passato prossimo, al passato remoto e al trapassato prossimo (v. MGI pp. 76, 142, 91, 116, 91):*

1. Zia Marta si volta, gli fa un cenno con la mano guantata di attendere, ed entra nel salone ove si fa ad un tratto un grande silenzio.
2. Micuccio guarda di nuovo; la vista gli si annebbia, e non si accorge che gli occhi gli si riempiono di lagrime; li chiude e si restringe in sé.
3. Zia Marta si smarrisce, si nasconde la faccia tra le mani, ma non riesce a frenare l'impeto delle lagrime irrompenti e dice a Micuccio di andarsene.

B. *Formare delle brevi frasi con i seguenti verbi, alternando i tempi:*

ESEMPIO: persuadere

pres.	Io *persuado* il ragazzo a studiare la lezione.
imperf.	Tu *persuadevi* spesso la ragazza a cantare.
pass. rem.	Lui *persuase* la zia a far ritorno al paese.
fut.	Fra qualche giorno noi li *persuaderemo* a partire
cond. pres.	Voi lo *persuadereste* a restare?

pass. pross.	Questa mattina lo *hanno persuaso* a dimenticare tutto.
trap. pross.	Io *avevo persuaso* gli amici a fare un brindisi.
cond. pass.	Tu *avresti persuaso* Sina a studiare il canto?
cong. pres.	Sina dubita che egli si *persuada* della sua onestà.
cong. imp.	La zia Marta non credeva che noi ci *persuadessimo* a restare.

VERBI

1. sbrigarsi
2. interpretare
3. piangere
4. condurre
5. restituire
6. uscire

C. *Mettere i verbi delle seguenti frasi al congiuntivo presente e passato (v. MGI pp. 148 e seg.) anteponendo l'espressione* É improbabile che lui:

1. vedere sulla tavola del denaro ed afferrarlo
2. far segno di star zitta
3. mettere in tasca il denaro
4. prendere la valigia e andarsene via
5. cacciare il denaro in petto
6. ritornare al paese

D. *Mettere i verbi delle frasi dell'esercizio C al congiuntivo imperfetto e trapassato (v. MGI pp. 148 e seg.) usando l'espressione* Era improbabile che loro.

E. *Formare delle frasi con le seguenti espressioni avverbiali usando al congiuntivo (v. MGI pp. 148 e seg.) i verbi indicati:*

1. prima che	1. avvisare
2. dopo che	2. pigliare
3. a meno che non	3. dimostrarsi
4. finché	4. vantare
5. benché	5. crescere
6. benché non	6. nutrirsi
7. senza che	7. stropicciarsi
8. nonostante che	8. apparire
9. purché	9. ammettere
10. purché non	10. disturbare
11. come se	11. prendere
12. anche se	12. ritornare

Dario Fo

DARIO FO (1926-), nato in provincia di Varese a Sangiano, ha studiato architettura ma ha preferito dedicarsi al teatro incominciando con la presentazione alla radio di monologhi satirici scritti da lui stesso. Ha fondato poi una compagnia teatrale di cui fece parte, come °prima *[leading lady]* donna, la moglie, Franca Rame, e °ha messo in iscena i suoi lavori, *[he staged]* quasi sempre comicissimi atti unici, permeati di un sensibilissimo umore caustico di critica sociale. Egli è autore, regista, scenografo, costumista e interprete principale. Servendosi della tecnica architettonica, Fo ha riportato al teatro la scena °a due piani, °che è un *[in two separate planes · which]* richiamo al palcoscenico elisabettiano. Secondo i maggiori critici, il *[recalls]* teatro anticonformista di Fo costituisce una specie di reazione italiana al teatro dell'assurdo di Ionesco e di Adamov. Lo scrittore si serve di proverbi, di °luoghi comuni e °del linguaggio stesso in modo *[commonplace concepts · of the]* paradossale, provocando le risate degli spettatori, ma allo stesso *[very terms]* tempo demistificando, senza che essi se ne accorgano, i tradizionali valori della società. *Non tutti i ladri vengono per nuocere* ne è un valido esempio.

Il teatro di Fo è modernissimo, ma ha le radici nella Commedia dell'Arte, con i suoi lazzi filtrati attraverso tecniche di attualità nella farsa popolana del '900 e coglie elementi del teatro elisabettiano come pure del teatro espressionista.

Le sue più brillanti opere in tre atti includono: *Chi ruba un piede è fortunato in amore, Settimo: ruba un po' meno, La colpa è sempre del diavolo* e *Legami pure °che tanto io spacco tutto lo stesso.* Fra le sue più esilaranti *[anyway]* farse satiriche in un atto: *La Marcolfa, Gli imbianchini non hanno ricordi, I tre bravi, L'uomo nudo e l'uomo in frac* e *Non tutti i ladri vengono per nuocere.*

NON TUTTI I LADRI VENGONO PER NUOCERE

PERSONAGGI

Ladro
Moglie del ladro
Uomo
Donna
Anna
Antonio
Secondo Ladro

Un ladro sta entrando, dopo aver forzato la finestra, nell'appartamento al terzo piano di una casa signorile, con la classica lampada oscurata. Dà uno sguardo intorno. Dal buio vediamo affiorare mobili, tendaggi, quadri antichi e preziosi. Il ladro accosta le imposte, quindi accende la luce.

just as he is about to open
he would be about to withdraw
having realized · shows up
he retraces his steps
very cautiously
he is on it

Proprio °mentre sta per aprire un cassetto, suona il telefono. In un primo impulso, il ladro, preso dal panico, °starebbe per battere velocemente in ritirata, ma poi, °resosi conto che nessuno della casa °si fa vivo e che perciò nulla ha di che temere, °torna sui suoi passi. Vorrebbe ignorare gli squilli del telefono, ma non ci riesce. °Quatto quatto, il ladro si avvicina al telefono e con un balzo °gli è addosso. Strappa il ricevitore e quasi lo volesse soffocare, se lo stringe al petto coprendolo con la giacca. E, quasi a rendere più probabile il delitto, ecco uscire dal ricevitore, sempre più flebile e ''soffocato'' un:

VOCE. Pronto, pronto, rispondete... con chi parlo? (*il Ladro può finalmente emettere un sospiro di sollievo. La voce ha cessato di vivere. Il Ladro estrae da sotto la giacca il ricevitore, lo solleva con cautela, lo avvicina all'orecchio: poi lo scuote ripetutamente ed ecco un lamento*)

LADRO. Oh! Finalmente!

VOCE. Ohhhh... finalmente... con chi parlo?

LADRO. (*nuovamente sorpreso*) Maria... sei tu?

VOCE. Sì, sono io, ma perché non rispondevi? (*a questo punto, illuminata da un riflettore di scena, appare in un lato finora rimasto buio del palcoscenico, la figura della donna che parla al telefono*)

on the job

LADRO. Ma sei impazzita! Adesso mi telefoni anche °sul lavoro? Pensa se ci fosse stato qualcuno in casa, bel servizio mi avresti fatto!

MOGLIE DEL LADRO. Ma se mi hai detto tu stesso che i proprietari sono in campagna... e poi, scusami, ma °non ne potevo più... ero preoccupata per te... mi sentivo male... anche poco fa, mentre stavo telefonando, mi sono sentita soffocare...

I couldn't stand it any more

I didn't do it purposely

LADRO. Scusami, °non l'ho fatto apposta, non immaginavo che fossi tu...

MOGLIE DEL LADRO. Ma che dici?

LADRO. Niente, niente... Ma adesso lasciami andare... ho già perso abbastanza tempo...

MOGLIE DEL LADRO. Ah, ti faccio perdere tempo... Grazie! °Io sto in orgasmo, °sto in pena... mi struggo...

I am frantic · I am worried

LADRO. Che fai?

MOGLIE DEL LADRO. Sì, mi struggo... mi struggo per te... e tu mi tratti in questo modo... Gentile, gentile davvero... Ma non aver paura... d'ora in poi non mi struggerò più... anzi, d'ora in poi, °fai anche a meno di dirmi dove vai perché tanto a me...

you can also avoid

LADRO. Ma cara, cerca di ragionare... Possibile che tu non riesca a metterti in testa che io non sono qui per divertirmi. Possibile che con te non si riesca mai a rubare una santa volta in pace!

MOGLIE DEL LADRO. Esagerato... adesso ricomincia... fa il martire! C'è tanta gente che ruba, che rapina, anche °a mano armata... e °non fa tutte le storie che fai tu. Meno male che non fai il furto con raggiro e truffa... altrimenti povera me!

LADRO. (*che ha sentito uno strano rumore dietro le spalle, tappando istintivamente il microfono*) Zitta! (*fortunatamente era solo il meccanismo della suoneria dell'orologio a pendolo che preannunciava il battere delle ore... suona la mezzanotte*)

MOGLIE DEL LADRO. Che cosa è?

LADRO. (°*riavendosi dallo spavento*) ...È il pendolo. Meno male.

MOGLIE DEL LADRO. Che bel suono... deve essere un pendolo antico... Peserà molto?

LADRO. (*distrattamente*) ...Capace di pesare anche... (°*rendendosi conto ad un tratto delle intenzioni della Moglie*) di'... non pretenderai mica che te lo porti a casa... delle volte?

MOGLIE DEL LADRO. Oh no, °figurati... Come puoi pensare che io pretenda una cosa simile... Tu con un pensiero gentile... Tu che pensi a farmi un regalino... °quando mai!

LADRO. Sei una incosciente, ecco quello che sei... Se mi carico quel catafalco addosso, mi dici tu dove metto l'argenteria e quello che riesco a trovare?

MOGLIE DEL LADRO. Nel catafalco...

LADRO. E perché °già che ci sei non mi dici addirittura di portarti a casa un frigorifero! Di là ce ne è giusto uno da duecento litri!

MOGLIE DEL LADRO. E non alzare la voce, ti prego... Non sei a casa tua.

LADRO. Scusami, ho perso la testa.

MOGLIE DEL LADRO. °A parte che ti potrebbero sentire, °faresti anche la figura del maleducato.

LADRO. Ho chiesto scusa.

MOGLIE DEL LADRO. E poi, non ti ho mai detto che voglio un frigorifero e tanto meno da duecento litri, non saprei neppure dove metterlo! Mi basterebbe °una cosettina qualsiasi... è il pensiero che conta... quindi fai tu. Sei tu che fai il regalo...

LADRO. Ma che vuoi che sappia io di quello che ti piace... e poi io ho altro per la testa...

MOGLIE DEL LADRO. Se è per quello potrei venire io a scegliermelo...

LADRO. Sì, °non ci mancherebbe altro!

MOGLIE DEL LADRO. Mi piacerebbe tanto vedere come è fatta una vera casa signorile... e poi farei crepare d'invidia le mie amiche.

LADRO. Ma tu farai crepare me, non le tue amiche... io sono qui per rubare, lo vuoi capire sì o no? Ciao, ti saluto.

MOGLIE DEL LADRO. Ma °che fretta hai? Ma cosa ti costa... essere gentile almeno una volta con me, sono tua moglie dopo tutto... e mi hai sposato anche in chiesa, mica in municipio come una concubina qualsiasi!

LADRO. (*seccato*) Ho detto ciao!

MOGLIE DEL LADRO. Almeno un bacino...

LADRO. E va bene... (°*atteggia le labbra in modo buffo e schiocca un sonoro bacio*)

MOGLIE DEL LADRO. °Mi vuoi bene?

LADRO. Sì... ti voglio bene.

MOGLIE DEL LADRO. Tanto? Tanto?

LADRO. (*sfinito*) Tanto tanto! Ma adesso metti giù la cornetta...

MOGLIE DEL LADRO. Prima tu...

LADRO. E va bene... prima io... (*sta per abbassare la cornetta ma si sente la voce della Moglie che per l'ultima volta lo assale fortissima*)

MOGLIE DEL LADRO. Ricordati il regalino! (*il Ladro velocissimo abbassa il ricevitore guardandolo con odio. Nello stesso istante la figura della donna scompare nel buio. Finalmente solo, il Ladro si muove nell'appartamento alla ricerca del bottino. Apre un cassetto. Ha trovato quello buono... estrae da una tasca della giacca il sacco e si accinge a riempirlo quando lo scattare di una serratura °a più mandate lo fa sussultare. Poi ecco delle voci provenire dall'anticamera*)

VOCE DONNA. C'è la luce accesa in salotto... Mio Dio... ho paura, andiamo via!

VOCE UOMO. Stai calma... L'avrò lasciata accesa io... chi vuoi sia stato?

VOCE DONNA. E se fosse tornata tua moglie? (*intanto il Ladro, piuttosto spaventato, ha cercato di °darsi alla fuga attraverso la finestra, ma ha perso troppo tempo ormai e non gli resta miglior campo che nascondersi nella capace cassa dell'orologio a pendolo*)

UOMO. (*entrando piuttosto guardingo*) Ma che dici... mia moglie! Per quale motivo dovrebbe essere tornata in città! (°*fa capolino negli altri locali*) Non ci tornerebbe nemmeno se sapesse che le stanno svaligiando la casa... Hai visto? Non c'è nessuno!

DONNA. (*entrando guardinga e sospettosa*) Mi sento tanto colpevole... (*mentre l'Uomo l'aiuta a levarsi la pelliccia*) Chissà cosa

Il porto di Alessandria, città natale di GIUSEPPE UNGA-RETTI. Disegno di Stefano Falk.

penserai di me... Forse ho fatto male a cederti così presto... Scommetto che tua moglie ti ha resistito molto di più di quanto non abbia saputo fare io...

UOMO. °Che c'entra mia moglie? È sempre stata una donna piena di complessi, di pregiudizi °piccolo-borghesi... Mi ha resistito solo per potersi sposare in bianco.

what does my wife have to do with this? · lower middle class

DONNA. (*con tono polemico e risentito*) Sì, piccola borghese, piena di pregiudizi... intanto l'hai sposata... Vorrei vedere se faresti altrettanto con me.

UOMO. (*accarezzandola e cercando di spingerla verso il divano che sta nel centro della scena*) Tesoro... Ti assicuro che se mia moglie non fosse di idee tanto antiquate, e se tuo marito non avesse niente in contrario... (*la Donna si è seduta e l'Uomo °le si fa appresso*)

he follows her

DONNA. (*staccandosi dall'abbraccio*) Ecco, hai rovinato tutto... (*l'Uomo si trova sbilanciato e °va a sbattere contro la spalliera che si ribalta. °Resta lungo disteso sul divano*) Perché hai voluto ricordarmi che ho un marito? E adesso come potrò? Adesso che °mi hai fatto rinascere il rimorso, il senso di colpa...

he lands on
he lands horizontally

you caused my remorse to return

puts back in place

of this and that

go to the other room

UOMO. Scusami, non volevo. (*si rialza, °mette a posto la spal-liera*) Ma forse se proviamo a parlare un po' d'altro… °del più e del meno… forse ti potresti distrarre di nuovo, e potremmo °passare di là.

DONNA. Di là dove?

UOMO. (*impacciato*) In camera mia…

DONNA. Forse è la soluzione migliore… proviamo.

UOMO. (*speranzoso*) Ad andare in camera mia?

DONNA. No. A parlare del più e del meno.

UOMO. E non si potrebbe andare di là a parlare del più e del meno?

DONNA. Ti prego, non insistere. Parliamo… parliamo di te di quando eri bambino… mi piacciono tanto i bambini…

UOMO. (*rassegnato*) E va bene… però se non ti spiace, inco-mincerò da quando avevo cinque anni, di prima non ricordo proprio niente.

DONNA. Cinque anni? Peccato… a me piacciono più piccoli… sono più innocenti, meno maliziosi… ma in mancanza di meglio…

UOMO. Ecco, mi ricordo che a cinque anni ero ancora bambi-no… e che andavo per i sei… (*scattando infastidito*) Oh! no!

let's drop it

you are making fun of me

senti… °piantiamola… mi sento terribilmente stupido… È un'ora che °mi stai prendendo in giro… Prima mia moglie, poi tuo marito… Pover'uomo, se anche lui ha dovuto sopportare tante manfrine…

DONNA. No caro, con lui è stata tutt'altra cosa… lui ha ce-duto subito.

what do you mean, he gave in

right away?

it was up to me

UOMO. (*sorpreso*) °Come lui ha ceduto subito?

DONNA. Sicuro, in quel caso, sono stata io che l'ho invitato a casa mia, quindi °toccava a me farlo cedere. Se togliamo all'amore anche il piacere della conquista che ci resta più? Purtroppo mio marito, è sempre stato un uomo di una legge-rezza vergognosa e ha ceduto subito. Per questo, lo di-sprezzo. Ma con te sento che sarà diverso… Sai insistere così bene tu! Insisti, ti prego… Insisti.

UOMO. Sì, insisto, insisto moltissimo, andiamo di là. (*i due stanno per uscire l'una nelle braccia dell'altro quando ecco suonare il telefono, si arrestano imbarazzati, non sanno cosa fare*)

UOMO. Chi può essere?

DONNA. Tua moglie?

UOMO. Ma no… mia moglie… Perché dovrebbe telefonare? E a chi? A me no di certo… Lei crede che io sia da mia ma-dre… E poi questo non è il suono di una chiamata interurba-na… Sarà certo qualche seccatore, oppure qualcuno che ha sbagliato numero. (*riprendendola fra le braccia*) Andiamo di là, vedrai che fra poco smetterà. (*ma il trillare del telefono continua imperterrito*)

DONNA. Ti prego, fallo smettere, mi fa impazzire.

UOMO. (*va verso il telefono, stacca la cornetta e la rinchiude nel cassetto del tavolino*) Ecco fatto; adesso non ci darà più fastidio.

DONNA. (*con tono disperato*) Oh Dio! Che hai fatto! Ora avranno capito che sei in casa... Chi altri potrebbe aver staccato il ricevitore?

UOMO. (*rendendosi conto con sgomento*) Che stupido... Hai ragione! E possono anche aver sospettato che non sono solo, che cerco di nascondere qualcosa di sporco.

DONNA. Grazie, perché non dici addirittura che °ti faccio schifo? (*scoppiando a piangere*) E io che stavo già per lasciarmi convincere... °Mi sta bene... *it serves me right*

UOMO. (*cercando di sembrare il più possibile padrone di sé*) Ma cara... non fraintendiamo. Non perdiamo la testa per carità... stiamo calmi... Dopo tutto, perché dovrebbero pensare che sia stato proprio io a staccare il ricevitore? Potrebbe essere stato chiunque... che ne so io? (*non sa come continuare*)

DONNA. (*con ironia*) Già... qualcuno di passaggio...

UOMO. (*impacciato, senza convinzione*) Appunto...

DONNA. (*con lo stesso tono*) °Un tale che passava di qui per caso... un ladro magari... *someone*

UOMO. E sì, magari... (*accorgendosi dell'assurdità*) Ma che dici "un ladro"! Se pensassero una cosa simile chiamerebbero subito la polizia.

DONNA. Appunto, e non è detto che non l'abbiano già fatto. (*terrorizzata*) Oh Dio! ci troveranno qui insieme, ci arresteranno... (*quasi urlando*) Oh Dio, la polizia! (*così dicendo si precipita verso l'ingresso seguita dall'Uomo che °cerca di trattenerla. Nello stesso istante il Ladro esce spaurito dal suo nascondiglio*) *tries to stop her*

LADRO. La polizia... °Ci voleva anche questa... E adesso dove scappo io? *that's all we needed*

UOMO. (*dall'anticamera*) Aspetta... Cerca di ragionare.

DONNA. Ho paura... andiamo via, ti prego!

UOMO. E va bene, andiamo... ma vuoi riprenderti almeno la pelliccia?

DONNA. Oh giusto la pelliccia... ho proprio perso la testa... °sarebbe stato un bel guaio... (*il Ladro che nel frattempo è rimasto indeciso se scappare dalla finestra o attendere che i due siano usciti, sentendoli rientrare ritorna velocissimo nel suo nascondiglio. Ma nel varcare l'ingresso alla cassa dell'orologio, batte la testa contro la pendola, facendone uscire un sonoro "don"*). *it would have been a beatiful mess*

I make you sick

DONNA. (*entrando ha un moto di spavento*) Oh! Che cos'è?

UOMO. (*sorridendo*) Oh niente cara... è la pendola... ha suonato l'una.

DONNA. Scusami, ma sono così nervosa. (*l'Uomo ha in mano la pelliccia e sta per aiutare la Donna ad infilarsela. La Donna si accorge del ricevitore staccato*) Ma anche tu hai perso la testa, guarda, stavamo uscendo senza riattaccare. (*così dicendo rimette il ricevitore sull'apparecchio. Ma non ha fatto in tempo a pronunciare queste ultime parole, che ecco il telefono ricomincia di nuovo a suonare. I due si guardano ancora più spauriti. L'Uomo quasi ipnotizzato da quel suono, afferra la cornetta e lentamente se la porta all'orecchio*)

UOMO. (*con voce innaturale*) Pronto? (*appare, come prima, la figura della Moglie del ladro e nello stesso tempo si ode la sua voce, piuttosto irritata*)

MOGLIE DEL LADRO. Oh finalmente... è un'ora che chiamo! Si può sapere perché prima °hai staccato la comunicazione?

you hung up

UOMO. Ma scusi, con chi parlo? (*l'amante accosta l'orecchio al ricevitore per ascoltare anche lei*)

MOGLIE DEL LADRO. Ah, bene, adesso non riconosci più nemmeno la voce di tua moglie!

DONNA. (°*sentendosi mancare*) Tua moglie! Lo dicevo io... Oh mio Dio!

feeling as though she were about to faint

MOGLIE DEL LADRO. Chi c'è vicino a te? Mascalzone... ho sentito la voce di una donna... Chi è?

UOMO. (*rivolgendosi all'amante*) Stai tranquilla, ci dev'essere un errore, non ho mai sentito questa voce...

MOGLIE DEL LADRO. Ma l'ho sentita io! È inutile °che cerchi di fare il furbo... Assassino, farabutto, ti ho scoperto finalmente... adesso capisco perché non volevi che venissi in quella casa. Ma dovrai tornare a casa tua... e allora... (*il Ladro intanto ha fatto capolino fuori dal suo nascondiglio per meglio ascoltare il dialogo. Sentendo la voce di sua Moglie inveire in quel modo non può fare a meno che preoccuparsene seriamente*)

that you try to act smart

UOMO. Guardi che c'è un errore... Lei ha sbagliato numero... lei sta parlando con casa Frazosi...

MOGLIE DEL LADRO. Lo so, lo so, casa Frazosi via Cenini quarantasette interno tre... e adesso smettila di fare il furbo e non cercare di camuffare anche la voce che tanto non ci riesci... mascalzone... e non voleva essere disturbato sul lavoro...

UOMO. Ma chi lavora?

MOGLIE DEL LADRO. Bel lavoro... spassarsela con le donne! Traditore, falso, bugiardo! È proprio vero che chi è bugiardo è ladro... cioè che chi è ladro è bugiardo!

UOMO. Come si permette?... ladro, falso, ma con chi crede di parlare?

MOGLIE DEL LADRO. Con mio marito… e chi dunque?

UOMO. Se suo marito è un ladro falso… sono affari suoi, ma io non sono suo marito, ma il marito di mia moglie che per sua fortuna… non è qui altrimenti…

DONNA. °Ci mancherebbe anche questa! — *that's all we would need*

MOGLIE DEL LADRO. Prima di tutto mio marito non è un falso ladro, ma un ladro vero…

UOMO. Complimenti signora.

MOGLIE DEL LADRO. E poi se lei non è mio marito, che ci fa in quella casa?

UOMO. Ma cara signora, questa è casa mia!

MOGLIE DEL LADRO. Bene. E lei sta a casa sua, con una donna che non è sua moglie… soli, a quest'ora, °dopo aver fatto credere in giro che non era in città? — *after having made people believe*

DONNA. Siamo stati scoperti!

MOGLIE DEL LADRO. Lo vede che anche lei è un traditore, falso e bugiardo e quindi anche ladro… come mio marito?

UOMO. E °ci risiamo con suo marito! Piuttosto, signora, mi vuol spiegare chi le ha detto che io non avrei dovuto essere in città? — *here we go again, talking about your husband*

MOGLIE DEL LADRO. Mio marito… Lui mi dice sempre dove va. Erano dieci giorni che °vi stava facendo il filo… — *he was checking on you*

UOMO. Come?

MOGLIE DEL LADRO. Insomma che aspettava °il momento buono. — *the right moment*

UOMO. Suo marito aspettava? Ma che interesse aveva suo marito a sapere…

DONNA. (*coprendo con la mano il ricevitore*) Ma non hai ancora capito? Tua moglie ti ha fatto pedinare da suo marito che evidentemente è un detective.

UOMO. Ah! Adesso capisco; e così °suo marito fa di questi bei servizi! — *this is the kind of work your husband does*

MOGLIE DEL LADRO. Be', è il suo mestiere!

UOMO. Bel mestiere davvero, se le pare una cosa pulita fare di tutto perché una moglie abbandoni il proprio marito!

MOGLIE DEL LADRO. Mio marito fa abbandonare la moglie del proprio marito? Ma che dice!

UOMO. La smetta di fare la furba… e non mi venga a dire che non ne sa niente… Mia moglie… °giocarmi un tiro simile… È proprio vero che a questo mondo la fiducia reciproca è morta! E io stupido che mi illudevo: "Mia moglie non e capace di certe azioni… è °una donna all'antica, ingenua!" Sono io l'ingenuo! — *play such a trick* / *an old-fashioned woman*

MOGLIE DEL LADRO. Ma come, lei pensa che sua moglie e mio marito?…

UOMO. Come, penso? Ne sono più che sicuro ormai… e la

to carry on prego di smetterla di °fare la commedia!

MOGLIE DEL LADRO. Va bene, va bene, dov'è adesso mio marito?

UOMO. E che ne so io… se non lo sa lei?

MOGLIE DEL LADRO. Io so che neanche un'ora fa era ancora lì a casa sua.

UOMO. Qui, in questa casa?

MOGLIE DEL LADRO. Sicuro, gli ho telefonato io; anzi pensavo che ci fosse ancora.

DONNA. Avrà avuto certamente le chiavi da tua moglie.

UOMO. Certo… per poter andare e venire a tutte le ore del giorno e della notte… e scommetto che adesso sarà già a "Villa Ponente"…

MOGLIE DEL LADRO. A "Villa Ponente"? E che c'è andato a fare mio marito laggiù?

UOMO. (*ironico*) Ma come? Non gliel'ha detto? Credevo che non le nascondesse mai niente di quello che fa, e dove va. Ad ogni modo l'accontento subito: a "Villa Ponente" via Aristide Zamboni 34, telefono 7845, c'è mia moglie… mia moglie ancora per poco! (*così dicendo abbassa con rabbia il ricevitore del telefono, svanisce l'immagine della Moglie del ladro mentre l'altra*
bursts into tears *Donna °scoppia in un pianto disperato*)

DONNA. Che vergogna, che scandalo… quando lo saprà mio marito, sarà un gran colpo per lui… poveretto! Se penso agli innumerevoli sacrifici che ho sostenuto pur di tenerlo all'oscuro di tutto… per nascondergli anche le più piccole cose… per non amareggiarlo… Persino quest'ultima relazio-
when everything was going so ne… e proprio adesso, °sul più bello…
well

UOMO. E per me non è forse peggio? Avevo deciso di ritirarmi definitivamente dall'assessorato del comune, ma adesso dopo questo scandalo, sono sicuro che mi proporranno come sindaco!

we have no recourse but to flee DONNA. E allora cosa possiamo fare? °Non ci resta che fuggire o costituirci.

UOMO. Be', adesso non esageriamo; costituirci! E a chi? E per che cosa? Che abbiamo fatto, dopo tutto? Ci hanno forse scoperti in flagrante? No, anzi, si stava parlando del più e del meno… si parlava dei bambini…

DONNA. È vero, ti stavo appunto dicendo di come mi piacciono i bambini…

UOMO. Già… ma forse è meglio non dirlo, la gente è maligna, ci accuserebbe di premeditazione; che rabbia, mi sparerei!

DONNA. Ecco, forse questa è l'unica soluzione, la migliore!

UOMO. Cosa? La soluzione migliore? Ma sei impazzita? Mi

sembra già di leggere i titoli sul giornale: "Assessore comunale, che come vicesindaco aveva celebrato più di cinquanta matrimoni, si spara per adulterio." Chissà come riderebbe la gente!

DONNA. Beato te che hai voglia di ironizzare... sei proprio un incosciente... anzi un irresponsabile!

UOMO. E °perché dovrei prendermela, ormai siamo in trappola... e non ci resta che aspettare che mia moglie arrivi da Villa Ponente, fra un'ora o due. (*ripensandoci*) Un'ora o due? Ma perché non approfittarne? Almeno ci condanneranno per qualcosa! (*e si accosta alla Donna che è seduta sul divano*) *why should I get upset?*

DONNA. Non essere volgare, ti prego. (*sospinge l'Uomo che si trova come prima, °lungo disteso con la faccia oltre la spalliera ribaltata*) *lying down*

UOMO. (*imprecando e battendo con la mano aperta sul divano "brevettato"*) E l'ho comprato io!

DONNA. Ma possibile che tu non abbia nemmeno un po' di sensibilità... di comprensione, almeno nei miei riguardi? Non capisci che sono disperata?

UOMO. Che esagerazione! Disperata! Ma si può sapere cosa pretendi da me? (*teatrale*) Vuoi che mi spari? E va bene mi sparo! (*l'Uomo estrae dal cassetto una pistola e la punta alla fronte*) Così sarai contenta!

DONNA. Noooo... Che fai?... Fermati. (*e gli toglie di mano la pistola mentre l'Uomo che evidentemente ha fatto il gesto col solo intento di spaventarla, °sorride sotti i baffi*) *he laughs to himself*

UOMO. (*ironico e soddisfatto*) Come?... Adesso non vuoi che mi spari?

DONNA. Ma tesoro, se non levi la sicura e non metti la pallottola in canna... così (*fa scattare il caricatore poi gli porge la pistola*) Adesso sì che puoi spararti...

UOMO. (*con la voce stranamente di testa*) Ah... ah... adesso posso...

DONNA. (*sollevandogli la pistola all'altezza del viso*) ...Su sbrigati, non vorrai farti trovare ancora vivo quando arriva tua moglie? (*l'Uomo porta con terrore la canna alla fronte, e proprio in quel momento ecco la pendola suonare la mezzanotte e mezza. Ai primi rintocchi l'Uomo ha uno strano sussulto e guarda la canna spaventato*) Che strano orologio, prima ha suonato la una e adesso suona la mezzanotte... va indietro mi pare... cioè, °all'incontrario... *backwards*

UOMO. È strano davvero... non era mai successo... forse è un segno del cielo! La mano del destino che viene a fermare la mano suicida... a ricordarmi che il tempo, la vita, si possono fermare, ma che poi non si può tornare indietro! Oh! grazie, mano del cielo benedetta… Mia cara pendolona, mi hai salvato la vita! (*così dicendo si avvicina alla pendola, e l'abbraccia con trasporto, quasi fosse una persona in carne ed ossa… la pendola continua a suonare e a un certo punto ecco che sembra davvero diventata viva*)

VOCE LADRO. (*che evidentemente non riesce a trattenere gli ahi di dolore procuratigli dalla grossa pendola sbattuta sulla testa*) Ahi ahi!… °Porco Giuda!… basta!

UOMO. (*facendo un balzo indietro, e andando ad abbracciare la Donna che è letteralmente impallidita dal terrore*) Il destino!!

LADRO. (*esce massaggiandosi la testa*) Ahi! che botta, che botta! Buonasera… Scusate, non avreste per caso dell'acqua vegetominerale?… Mi stanno venendo su certi bozzi!

DONNA. (*scandalizzata*) Bozzi! Che destino volgare!

UOMO. Ma si può sapere chi è lei? Che cosa fa in casa mia? Risponda o glieli faccio passare io i bozzi…

DONNA. Ti prego, non essere volgare anche tu… Dopo tutto che cosa ti costa dargli un po' di acqua vegetominerale…

LADRO. Andiamo, per un po' di acqua vegeto…

UONO. (*più che mai deciso puntandogli la pistola*) Allora, vuole proprio farmi perdere la pazienza? Chi è? chi è?

LADRO. (*terrorizzato*) Glielo dico subito… sono il… marito… insomma, quella donna che ha telefonato prima è mia moglie… e io sono il marito.

UOMO. Ah… lei è il marito… bravo!

LADRO. Sì… sì… ci siamo sposati in chiesa.

UOMO. Mi fa piacere, così avrà la fortuna di essere seppellito in un suolo consacrato…

LADRO. Come seppellito!… E no, e no… Lei non può °farmi fuori così… (*rivolgendosi alla Donna*) Non ha il diritto… Signora, lei è testimone che io sono disarmato… Guardi che se mi spara °avrà delle grane: articolo 127 del codice penale… lei può sparare °al massimo per aria se io scappo… ma siccome io non scappo, lei non può. L'avviso che è omicidio premeditato!

DONNA. Ah, °la sapete lunga sulla legge voialtri… Sicuro, la legge è sempre dalla vostra… ma se tutti si decidessero a spararvi alla schiena come si fa con le spie di guerra… (*rivolta all'Uomo*) Ecco che cosa devi fare; sparargli alla schiena!… (*al Ladro*) E lei si volti, per favore.

LADRO. Mi spiace, ma io non ho nessuna voglia di giocare alla guerra! Chiamiamo la polizia piuttosto…

UOMO. Ah! Furbo lui! Chiamiamo la polizia! La polizia constata l'adulterio, °noi siamo spacciati, e lui si prende il premio.

Margin notes (left column):
blasted Judas (damn!)
wipe me out
will have problems
at the most
you know a lot about the law
we are done for

LADRO. Io mi prendo il premio? e da chi?

UOMO. Da mia moglie.

LADRO. Ma lei è matto... io non so neppure chi sia sua moglie...

DONNA. Che ipocrita... non la conosce? Sparagli subito, ti prego. Mi fa ribrezzo...

UOMO. Un momento: da che ora stava qui dentro? (*indicando la pendola*)

LADRO. Dalle undici e quarantasette... ci sono entrato giusto quando siete arrivati voi. Perché?...

UOMO. Allora se è stato sempre dentro l'orologio, non ha potuto telefonare! Forse se ci sbrighiamo, possiamo ancora salvarci.

DONNA. Già, salvarci, con lui che andrà a spifferare tutto!

LADRO. (*senza capire di che si stia parlando, pur di allontanare la minaccia*) No, no, io non spiffero, parola d'onore... non spiffero... non son capace... (*soffia nella canna della pistola che gli sta a pochi centimetri dalla bocca come fosse un piffero*)... vede?!

UOMO. Del resto, se lo ammazziamo, sarebbe una prova troppo evidente.

DONNA. Potremmo ferirlo gravemente.

UOMO. A che servirebbe?

LADRO. È quello che dico anch'io, a che servirebbe?

DONNA. Lo so io a che servirebbe. Se si riuscisse a prendergli un determinato nervo. (*lo tocca dietro la nuca*) L'epistrofico, per esempio, che passa proprio qui dietro, fra l'atlante e l'epistrofeo, perderebbe completamente la memoria...

UOMO. Ma ne sei sicura?

DONNA. Sicurissima. In ogni caso gli prenderebbe sempre la paralisi, non potrebbe più parlare e per noi andrebbe bene lo stesso.

LADRO. (*che si sente già la paralisi addosso*) Ma per me, non andrebbe bene per niente. Non ci sarebbe un'altra maniera, un po' meno pericolosa? Su, signora, si faccia venire un'altra idea... Lei è così brava!

DONNA. (*lusingata*) Sì, forse ci sarebbe un'altra soluzione: ubriacarlo! Nessuno crederebbe alla testimonianza di un ubriaco!

UOMO. È vero! L'ho sempre detto che sei una donna formidabile!

LADRO. (°*tirando il fiato*) Sì, sì, la signora è molto formidabile... L'avevo capito subito, io... (*fregandosi le mani*) Allora che cosa si beve? Se per voi fa lo stesso io preferirei del vino rosso, il bianco mi dà acidità... fin da bambino mi ricordo...

UOMO. No, no, niente vino, ci si mette troppo tempo; è

taking a breath

meglio con whisky o con gin: tre bei bicchieri, °e sei sistemato.

LADRO. Veramente... a me l'whisky °non mi va tanto, sa di petrolio.

DONNA. (*che intanto ha preparato un bicchiere pieno*) Questo non sa di petrolio, è vero scozzese. (*glielo porge*)

UOMO. Com'è? com'è?

LADRO. (*assaporando °con fare da intenditore*) Ottimo!! Davvero speciale!

UOMO. (°*bevendo a sua volta*) °Sfido io che è buono, vorrei vedere: cinquemila lire alla bottiglia.

LADRO. Me ne dà ancora un goccio?

UOMO. (*al Ladro che gli porge il bicchiere per farselo riempire di nuovo*) Ehi, andiamoci piano!... Se se lo tracanna in quel modo, noi che cosa ci beviamo?

DONNA. Non essere meschino, ti prego... e poi è lui che deve ubriacarsi, no?

LADRO. E sì, sono io... (°*facendosi più ardito*) Ma se volete, sbronzatevi pure anche voi. Ah, ah, ah, (*ride*) se lo racconto a mia moglie, non ci crede... (*il ricordo della Moglie gli blocca il sorriso*) °A proposito di mia moglie, °che cosa le siete andati a dire che era così arrabbiata, mi avete certamente messo in un bel pasticcio voi due... ma adesso mi fate il piacere di telefonarle subito e di spiegarle l'inghippo.

UOMO. L'inghippo? L'inghippo di che?

LADRO. Sì, insomma, che siete stati voi due ad ubriacarmi... per non farmi parlare... di che cosa poi, lo sapete soltanto voi.

DONNA. Ah il furbacchione, vuole un testimone... avevi ragione tu, è meglio sparargli addirittura... e non pensarci più.

UOMO. Sì... sì... è meglio. (*va per prendere la pistola che ha lasciato sul mobiletto bar, ma il Ladro è più svelto di lui e la afferra puntandogliela contro*) ...Ehi... °non facciamo scherzi.

LADRO. Siete voi che la dovete °piantare di fare scherzi... Prima mi fate stare un'ora in quel catafalco a prendermi le pendolate in testa, poi mettete su mia moglie contro di me, poi mi volete far diventare paralitico, con l'epistrofeo. Ma volete piantarla, sì o no? Io sono venuto qui per rubare, °mica per fare il pagliaccio!

UOMO. Per rubare?

LADRO. Sicuro, sono ladro, ma serio.

DONNA. (*divertita*) Ladro? Adesso °salta fuori che è un ladro! Ma °mi faccia il piacere! Dov'è la mascherina nera, il maglione a righe, e le pantofole di feltro?

UOMO. Già, dove sono?

LADRO. Mascherina nera? Pantofole di feltro? Ma io mica vengo fuori da una vignetta della Domenica del Corriere. E poi che ne sapete voi di ladri?

DONNA. °Per sua norma e regola, io so tutto sui ladri... Mi ero preparata per il quiz della televisione... e proprio sui "delitti e furti celebri"... *for your information*

UOMO. Ah, adesso capisco da dove viene tutta la tua cultura sugli usi e costumi della pistola! (al Ladro) Mi dispiace per lei °ma è cascato male, è meglio che si scelga qualche altro mestiere, perché questo non attacca. *but you are in a mess*

LADRO. Senta, °lei che fa tanto lo spiritoso, non ha mai sentito parlare di una certa banda Martello? *you who are trying to be so funny*

DONNA. (col tono di chi ripete a memoria) Banda Martello, composta dal Mangia, dal Serafini e dal Tornati Angelo detto lo Stanca...

LADRO. Tornati Angelo detto lo Stanga e non stanca... Stanga che vuol dire lungo...

DONNA. Lungo... mi faccia il piacere... Ma se era piccolino!

UOMO. (tanto per dir qualcosa) E dica almeno piccoletto, no?

LADRO. Perché, io le sembro piccoletto?

UOMO. Ma che c'entra lei?

LADRO. C'entro e come! Perché, °se non le spiace, Tornati Angelo detto lo Stanga, sono io! E se non ci crede, ecco qui la mia °carta d'uscita dal Santo Stefano in Vittore (estrae una tessera) Ci ho passato tre anni se non le spiace! *if you don't mind* *discharge card*

DONNA. (illuminandosi dopo aver dato un'occhiata al documento) Ma è meraviglioso, è proprio lui, lo Stanca... pardon... lo Stanga! che piacere! Lei permette, vero? (e lo abbraccia, lo bacia sulle guance) Un ladro, un ladro vero... non mi era mai capitato! Si lasci guardare...

UOMO. (geloso) Ma che fai adesso? Questo mascalzone viene qui a rubare in casa mia... e tu lo baci... È disgustoso!

DONNA. Ti prego! Modera i tuoi termini. "È disgustoso..." che ne sai tu? Hai mai baciato un ladro?

UOMO. No.

DONNA. E allora? Prova, e poi mi dirai se è proprio disgustoso come dici! (in quell'istante si sente il trillare di un campanello)

DONNA. Chi può essere?

LADRO. Scommetto che è ancora mia moglie. (alzando il ricevitore) Anzi, mi farete il piacere di spiegarle... Pronto, Maria? Hai fatto un bel pasticcio tu, a voler telefonare! Ti avevo avvisata che quando sono sul lavoro devi lasciarmi in pace, non mi devi disturbare, anche se la casa °va a fuoco. Voglio che tu te ne stia tranquilla a casa, capito? *burns down*

UOMO. Ma non è il telefono... è il campanello del portone.

LADRO. (*guardando con odio il ricevitore*) Ah, ecco perché mi lasciava parlare! (*riattacca*)

UOMO. (*apre la finestra e si affaccia*) Chi è?

VOCE DONNA. E chi vuoi che sia, sono io, Anna.

DONNA. (*impallidendo*) Oh, cielo... questa volta è proprio sua moglie...

UOMO. (*cercando di essere il più possibile naturale*) Ah, sei tu cara... Non ti aspettavo... ma come mai, che ti è successo?

ANNA. Domando a te cosa è successo! Mi ha telefonato una pazza... coprendomi d'insulti.

LADRO. Una pazza! È mia moglie... l'avrei giurato!

ANNA. Ma cosa aspetti ad aprirmi?

UOMO. Ti apro subito... (*staccandosi dalla finestra*) Ci voleva anche questa... e adesso che le raccontiamo?

I'm going to beat it   LADRO. Ah per me... °io me la batto dalla finestra...

UOMO. (*afferrandolo per il bavero*) E no, caro mio... troppo comodo... è per colpa sua e di sua moglie che siamo in questo

it's up to you to get us out   bel pasticcio e °tocca a lei tirarci fuori!

LADRO. Io? E come faccio?

UOMO. (*rivolgendosi anche alla Donna*) Un momento... Forse

we will have nothing to worry about   se voi due vi faceste passare per marito e moglie... °saremmo a cavallo!

DONNA. Ma come? Sposata con lui, con un uomo che non conosco nemmeno?

UOMO. Non preoccuparti, l'amore verrà in seguito! E poi è sempre meglio passare per la moglie di un marito falso che per l'amante di un marito vero! (*accingendosi ad andare incontro alla moglie*) E adesso mi raccomando, non fate scherzi altrimen-

with a menacing gesture   ti... (*e °con fare minaccioso si mette in tasca la pistola che stava sul tavolo. Esce*)

DONNA. Mio Dio, che guaio... Si alzi, si faccia vedere. (*osservando il Ladro da capo a piedi*) Ma non aveva un abito un po' meno squallido da mettersi? Andiamo, quando si va in mezzo

you sure are going to make me look   alla gente... °bella figura mi fa fare... lo sa che quando il

great · is shabbily clothed   marito °è in disordine la colpa è sempre della moglie?

LADRO. Lo so, ma io una cosa del genere non l'immaginavo... ad ogni modo a casa ho °un abito a righini, vado a

a pin-striped suit   prenderlo.

DONNA. No. (*guardandogli le tasche rigonfie*) Ih! questi bozzi!!

LADRO. (*atteggiandosi a manichino da vetrina*) È proprio un modello così, signora!

ANNA. (*la voce si sente venire dall'esterno*) Allora si può sapere che cos'è questa storia? Chi c'è in casa con te?

UOMO. Adesso ti spiegherò... c'è stato un equivoco ma adesso è tutto risolto...

ANNA. Che equivoco? Piuttosto tu non dovevi essere da tua madre? Che ci fai in casa?

UOMO. (*entrando seguito dalla moglie*) È appunto quello che volevo spiegarti... Permetti? Il mio amico... il dottor Angelo Tornato...

LADRO. (*correggendo seccato*) Tornati...

UOMO. (*sorridendo amaro*) Sì, scusa! Tornati e signora...

LADRO. È stato suo marito a farci sposare! L'amore verrà °in seguito, l'ha detto lui.

later

UOMO. (*riparando*) Già, quando ero ancora vicesindaco!

DONNA. Ci voglia perdonare per l'invasione... e a quest'ora poi, davvero sconveniente... ma °abbiamo dovuto ricorrere per forza a suo marito perché... è successo... ecco vede...

we were forced to turn to your husband

ANNA. (*interrompendola seccata*) Ma, piuttosto mi dica, è lei che mi ha telefonato?

UOMO. (*intervenendo con foga*) Sì, sì! È lei... ma devi capire, la poverina era così sconvolta!

DONNA. Mi perdoni, signora, ma è stata la gelosia a farmi perdere la testa, chissà perchè mi ero convinta che mio marito avesse una relazione proprio con lei... Ma adesso che la vedo, mi domando come ho potuto pensare una cosa simile...

ANNA. Perché, le faccio un'impressione tanto sgradevole forse? Dica pure che sono un mostro già che c'è!

DONNA. Ma no, signora, non volevo affatto dire questo! Anzi, lei ha un aspetto talmente distinto... che, conoscendo i gusti piuttosto volgari di mio marito...

LADRO. Come, io ho i gusti volgari?

ANNA. Mi spiace che lei si senta piuttosto volgare, mia cara, visto che suo marito l'ha sposata, ma ciò non significa che lei mi debba considerare °talmente in basso da mettermi con un uomo come il suo qui presente consorte!

so low

LADRO. Adesso basta, prima volgare... poi in basso qui presente!!

UOMO. (*con l'evidente intento di sdrammatizzare il conflitto*) Be', ora non esagerare, cara, °non sarà un granchè, è vero, ma può anche piacere!

he may not be much, but

ANNA. Eh bravo, bell'esemplare di marito che ho sposato! Invece di sentirsi offeso perché si è dubitato dell'onestà della propria moglie, insiste perché io trovi piacente il mio presunto amante! Ma è pazzesco!

DONNA. Ma no, signora, suo marito non intendeva questo, ma voleva dire che una donna, quando è innamorata, pensa sempre che il proprio marito, anche se di gusti piuttosto volgari, possa piacere ad altre donne.

ANNA. Bel modo di ragionare davvero! Come dire che siccome mio marito piace a me, deve piacere per forza anche a lei, per esempio! Già che c'è signora, perché non se lo prende addirittura come amante!

DONNA. Grazie, no no.

ANNA. (*rivolta al Ladro*) E lei non dice niente?

LADRO. A dir la verità, anch'io preferirei prenderla come amante, la signora, invece che per moglie... sempreché suo marito non avesse niente in contrario... del resto è lui che deve decidere... è lui che ci ha sposati!

ANNA. (*scoppiando a ridere divertita*) Ah, ah... spiritoso, spiritoso davvero; adesso capisco perché sua moglie ha paura delle altre donne... Gli uomini spiritosi sono i più pericolosi... soprattutto se hanno gusti volgari!

LADRO. (*alla Donna*) Mi ha detto volgare un'altra volta!

DONNA. (*con affettuoso trasporto accarezzandolo*) Ah sì, è davvero pericoloso... lei non immagina quanto!

UOMO. (*seccato*) Be', adesso non esageriamo... (*correggendosi*) Tutti gli uomini, chi più chi meno, sono pericolosi!

ANNA. Non è certo il caso tuo, tesoro! (*guardando commossa il Ladro e la Donna che si tengono le mani nelle mani teneramente*) °Ma guardali come sono carini... sembrano °proprio sposini freschi freschi! °State proprio bene insieme... vero caro?

UOMO. (°*perdendo le staffe*) Sì, ma adesso... forse è meglio salutarci... è un po' tardi...

ANNA. °Non essere villano, ti prego... °non fate complimenti, restate quanto vi pare. Anzi perché non beviamo qualcosa?

LADRO. Sì, benissimo, l'whisky di prima. (*afferra la bottiglia, ma la Donna gli fa cenno di no*)

DONNA. Troppo gentile... ma abbiamo già approfittato abbastanza della vostra cortesia... (*il Ladro si mette la bottiglia in tasca*) e poi è davvero tardi, non vorrei che mio marito tornasse e non... (*riprendendosi*) ritornasse troppo tardi a casa... Abitiamo talmente distante, dall'altra parte della città, e lui deve alzarsi molto presto domattina... vero, caro?

LADRO. Eh?

ANNA. Ma allora perché non rimanete addirittura qui da noi a dormire; abbiamo giusto una camera libera... su via, diglielo anche tu caro!

UOMO. (°*soprapensiero*) Sì, ma perché non rimanete qui a dormire? (*riprendendosi*) Ma cosa mi fai dire? Forse loro preferiscono...

LADRO. Sì, sì, noi preferiamo moltissimo.

ANNA. Bravo, hai visto? preferiscono restare! Lei non immagina che piacere mi fa...

DONNA. (*tentando l'ultima resistenza*) Ma veramente... siamo

real newly-weds
you really look good together
losing his temper

don't be vulgar · don't stand on ceremonies

distractedly

qui senza niente, e mio marito senza pigiama non riesce a dormire!

ANNA. Se è per quello, (*rivolta al marito*) gli darai uno dei tuoi pigiama, quello nuovo, vero, caro?

UOMO. (*disperato*) Sì!

ANNA. Venga, signora, le faccio vedere la camera… Vi troverete proprio bene… ne sono sicura! (*al Ladro*) Gliela rubo un attimo. (*le due donne escono, i due uomini rimasti soli si guardano, l'uno con imbarazzo, l'altro con un certo odio; il primo a parlare è il padrone di casa*)

UOMO. °C'era proprio bisogno di fare tanto lo spiritoso? °Don Giovanni da strapazzo che non è altro… ma non crederà di dormire davvero con la mia… e con il mio pigiama… Se lo levi dalla testa!

was it really necessary to try to be so funny? · second-rate Don Juan

LADRO. E chi se l'è messo in testa! Chi ha avuto la bella idea di farmi passare per il marito della sua amica? E poi °fa il nervoso… °Un povero disgraziato viene qui per guadagnarsi il pane… non solo non gli lasciano portar via neanche una sveglia rotta, ma lo obbligano °a tener mano alle balordate del padrone di casa! Eh no, eh no, mi dispiace, ma adesso mi fa il piacere di telefonare subito a mia moglie… anzi prima chiamiamo la sua di moglie e le spifferiamo tutta la verità… e poi chiamerò anche il questore! Sempre meglio l'interrogatorio del questore che quello di mia moglie!

he makes believe he is angry · a poor guy · to go along

UOMO. Ma sentilo il galantuomo, si sente offeso! Lo abbiamo disturbato nel suo santo lavoro! Ma ripareremo subito. È venuto qui per rubare? e allora rubi, avanti! (*apre il cassetto dell'argenteria*) …rubi, ci sono anche dei cucchiaini d'oro… s'accomodi!

LADRO. (*estrae il sacchetto dalla tasca, lo spiega ma poi ci ripensa*) No, grazie, ma rubare in questa maniera °non mi va tanto… Grazie, sarà per un'altra volta…

I don't really care for it that much

UOMO. (*che comincia a innervosirsi. Fa il gesto di estrarre la pistola dalla tasca*)

LADRO. Se proprio insiste… (*afferra delicatamente un cucchiaino*) Ecco… Tanto, °tanto per gradire… (*e se lo ficca nel taschino della giacca*)

just to please you

UOMO. (*estraendo la pistola, minaccioso*) Ho detto di rubare… e °a manbassa. Non permetterò mai che lei vada in giro a dire che a casa mia si ruba male… che si sfruttano i ladri!

in abundance

LADRO. Non l'ho mai detto.

UOMO. È il tipo di dirlo… avanti, prenda anche questi… (*apre un cassetto e gli porge una manciata di cucchiai d'argento*)

LADRO. Non vorrei approfittare della sua gentilezza, della sua bontà…

UOMO. °Non si faccia scrupoli, avanti… (*in quel preciso i-*

don't have any scruples

stante entra la Moglie del ladro che, vedendo il marito °sotto il tiro della pistola del padrone di casa, °non può fare a meno di lanciare un grido disperato... di gettarsi fra i due abbracciando il marito)

MOGLIE DEL LADRO. Ah, no! Per carità, signore, non ammazzatelo. Vi darà indietro tutto, ma non ammazzatelo.

LADRO. Maria!!! Da dove sei passata?

MOGLIE DEL LADRO. C'era il portone aperto...

LADRO. E io, disgraziato, che mi sono arrampicato per tre piani per arrivare qui!

MOGLIE DEL LADRO. Perdonami... è tutta colpa mia, lo so... l'ho capito troppo tardi... Ma adesso è meglio che tu restituisca tutto al signore... E poi, anche se ti daranno qualche *we are close to the holidays · one* mese, °siamo sotto le feste e in questi giorni °non si sta nean-
isn't even so badly off che tanto male... Danno perfino il panettone e i mandarini... Ti prego, fatti arrestare!

all we needed was the wife UOMO. °Ci voleva anche la moglie!... E adesso che cosa dico a mia moglie quando verrà a sapere che lei ha due mogli!

MOGLIE DEL LADRO. Chi ha due mogli?

I'm not involved at all LADRO. (col terrore che gli falsa la voce) ...Ma °io non c'entro niente, eh! È stato lui che me l'ha data in moglie, per paura che sua moglie venisse a sapere che non era mia moglie... ma una moglie...

MOGLIE DEL LADRO. (strappando la pistola dalle mani del padrone di casa e puntandola verso il marito) Ah, brutto traditore, spergiuro, assassino... e io che stupida credevo °che tu te la
that you were carrying on facessi con sua moglie e invece hai già un'altra moglie... che non è neanche sua moglie... ma io ti ammazzo... (cerca di levare la sicura) Come si fa? come si fa?

for heaven's sake UOMO. Non si fa niente! (strappa la pistola) °Per carità, non faccia tanto baccano... Se ci sentono le altre due mogli... io sono rovinato è vero... ma anche suo marito... Mi stia a sen-
the why and the wherefore tire, la prego: non le sto a spiegare °il perché e il percome. Sarebbe troppo lungo... ma insomma se vuol salvare suo marito... stia calma (si sentono alcuni passi che si avvicinano) Accidenti... eccole... adesso che inventiamo?

ANNA. (entrando) La sua cara mogliettina, signor Tornati... la sta aspettando... ho portato anche il pigiama per lei perché se aspettavo che mio marito... (si arresta stupita nel vedere la nuova ospite che il marito e il Ladro cercano di nascondere alla sua vista) ...Ho... ma scusa, caro... chi è la signora?

to be totally surprised UOMO. (fingendo di °cadere dalle nuvole) Chi?

MOGLIE DEL LADRO. Sono una moglie... Permette? Maria Tornati...

ANNA. Ma come? Un'altra moglie?

UOMO. (intervenendo rapidissimo per salvare il salvabile) Sì, cara, volevo appunto spiegarti prima... la signora... sarebbe...

MOGLIE DEL LADRO. Che sarebbe... sono la moglie!

UOMO. Appunto, sono la moglie... è la moglie del signore... (*guardandola con cattiveria, quasi volesse ipnotizzarla*) La prima moglie del mio amico Tornato...

LADRO. (*correggendo*) ...ti.

UOMO. (*incerto*) ...to-ti.

LADRO. ...ti-ti-ti. Tornati.

UOMO. La prima moglie dalla quale Tornati ha divorziati...

LADRO. ...to.

UOMO. ...to. (*la Moglie del ladro vorrebbe interrompere, ma il marito °le dà di gomito*)   pokes her with his elbow

ANNA. Siete stranieri?

LADRO. Eh?... no, non siamo...

ANNA. Allora come avete potuto divorziare?

Autoritratto di EUGENIO MONTALE (1952). Collezione Cesare Zavattini, Roma.

LADRO. (*chiedendo aiuto al padrone di casa*) Eh? potuto?

UOMO. (*chiede aiuto alla Moglie del ladro*) Potuto?

ANNA. Ah!... ho capito... il tuo amico lavora nel cinema!

UOMO. Sì, sì, sì, lavora nel cinema... è un produttore cinematografico.

ANNA. Produttore?... E che genere di film fa? (*accorgendosi del sacco che tiene in mano*) Scusi, che cos'è quello? (*apre il sacco*) Ma è la mia argenteria! Cosa stavate facendo?

LADRO. Rubavamo...

UOMO. Noo! Mi stava raccontando il soggetto di un suo nuovo film... dove c'era la scena di un furto... e mi faceva vedere...

ANNA. Oh, che interessante! Allora lei è specializzato.

LADRO. Sì, di padre in figlio ormai...

ANNA. E sua moglie?

MOGLIE DEL LADRO. No... io no, mio marito non vuole, mi lascia sempre a casa...

ANNA. No, dicevo... com'è questa storia del divorzio... se sono divorziati °come mai sua moglie è ancora sua moglie?... anzi, e adesso ne ha due!

UOMO. Appunto... si è divorziato... si è risposato... ma poi lo Stato, °impugnando il diritto canonico, non ha ritenuto valido il divorzio pur avendo °in un primo tempo, impugnando il diritto civile, ritenuto valido il secondo matrimonio... così... così che il poverino si trova ad essere nello stesso tempo bigamo, concubino, pubblico peccatore e cattolico osservante...

MOGLIE DEL LADRO. Ma come? (*al marito*) E tu non mi dicevi niente?

LADRO. Ma io non lo sapevo... (*rivolto al padrone di casa*) Com'è che sono bigamo osservante?! (*l'Uomo lo spinge lontano dalle donne*)

ANNA. E, cara signora... certe cose è meglio non saperle... tanto, anche quando si sanno non ci si capisce niente... Poverino... e adesso chissà °come andrà a finire... °gli faranno magari il processo e lo manderanno in galera come un ladro qualsiasi!

UOMO. Già, come un ladro di stoviglie (*con intenzione*) e tutto perché ha una moglie...

ANNA. Come?

UOMO. Cioè due mogli...

ANNA. (*rivolta al Ladro*) A proposito, ma l'altra sua signora?... forse è meglio non farle sapere che è qui... (*indica la Moglie*) poverina anche lei... E poi come si farebbe! °Anche mettendovi d'accordo, °il letto è di una sola piazza e mezzo... e... ci stareste scomodi!

UOMO. Non preoccuparti, cara... °metteremo tutto a posto.

MOGLIE DEL LADRO. °A posto un corno... Non crederete di °passarla liscia tanto facilmente...

LADRO. (*vorrebbe prendere il sacco, ma è costretto ad abbandonnarlo per sospingere la Moglie verso la porta di sinistra*) Sì, sì... ma adesso andiamo di là...

UOMO. Venga, signora, le farò conoscere la moglie di suo marito... voglio dire... insomma, s'accomodi!

ANNA. (*guarda uscire i tre e scuote la testa con commiserazione*) Povera donna!... (*poi accorgendosi delle bottiglie sparse sul tavolo*) Dio che disordine... e come hanno bevuto... (°*si versa da bere a sua volta. °In quel mentre ecco che un uomo si affaccia alla porta e sottovoce la chiama*)

ANTONIO. Anna... sei sola?

ANNA. Oh! Mio Dio!... Antonio... °cosa t'è saltato in testa? Vattene... vattene subito... c'è in casa mio marito!...

ANTONIO. Ma si può sapere cosa ti è successo? Per telefono °non ti sei fatta capire per niente... Cos'è questa storia di mia moglie che ti ha telefonato?

ANNA. Niente, niente, è stato un equivoco... grazie al cielo! Ho ricevuto una telefonata da una donna... che mi insultava per via di suo marito...

ANTONIO. E tu hai pensato che fosse mia moglie?

ANNA. Proprio così... io non conosco tua moglie e tanto meno la sua voce... ho preso un tale spavento... Ma adesso non rimanere qui... Vattene... ci vedremo domani...

ANTONIO. Ah, devo andarmene... e no, cara, °non ci casco, (*avanzando verso il centro della stanza*) ma a chi credi di °darla a bere? La telefonata, l'equivoco, tuo marito che torna a casa, mentre invece dovrebbe essere da sua madre... e no, °qui c'è sotto qualcosa... Tutto organizzato per °mandare a monte il nostro appuntamento alla villa e per ritrovarti qui con un altro... che non è certo tuo marito...

ANNA. Ma sei matto, di'? Come puoi pensare queste cose?

ANTONIO. Non mentire... e questi bicchieri? È chiaro... ci si preparava... spiritualmente... Dov'è... come si chiama?... È meglio per te, parla... (*afferrandola per le spalle*) Chi è? (*in quel preciso istante ecco riapparire il Ladro con il pigiama ancora sottobraccio. È tornato per riprendersi il sacco. Ma alla vista di quella scena e di quel nuovo ospite, spaventato, lascia cadere il sacco, al che l'uomo si volta*)

LADRO. Disturbo? Volevo prendere questo sacco...

ANTONIO. Ah, eccolo... e col pigiama sotto braccio... già pronto il signorino!

LADRO. (*aggredito dall'uomo che lo ha afferato per il braccio*) Ma scusi, a me me lo ha dato la signora... Ma se lo vuole lei, se lo

we will take care of everything
the heck we will take care of it
get away with it

she then pours herself a drink
in the meantime

what got into your head?

you didn't make yourself clear at all

I won't fall for that
to fool

there's something suspicious here
to scrap

prenda… mica c'è bisogno di strozzarmi, per un pigiama…

ANTONIO. Lo so, lo so che gliel'ha dato lei… ed è per questo che adesso me la pagherete tutti e due. (*così dicendo chiude la porta d'ingresso e si mette in tasca la chiave*)

ANNA. Ti prego… Antonio… stai commettendo un terribile errore… il signore è un amico di mio marito ed è qui nostro ospite con le sue mogli… (*dalle altre stanze giungono le urla delle due donne che evidentemente stanno litigando*)

VOCI DUE DONNE. E no, cara, non vengo mica giù dalla Val Brembana, io… non me la racconta giusta lei… cara la mia concubina… (*altra voce*) Moderi i termini la prego… a chi concubina?

letting go ANTONIO. (°*mollando la presa*) Sono le sue mogli? Ma quante ne ha? (*il Ladro fa un gesto con la mano come per dire "abbastanza"*)

ANNA. (*rivolta al Ladro*) Oh, la prego… signor Tornati… non dica niente a mio marito…

LADRO. No, no… io non dico niente…

ANTONIO. La ringrazio… e scusi per l'equivoco…

LADRO. Equivoco più, equivoco meno… tanto è la serata…

ANNA. Ma adesso vattene presto… dove hai messo la chiave?

ANTONIO. Qui nel soprabito (*fruga nella tasca*) Accidenti… è *that's all we needed* scivolata in fondo alla fodera… c'era un buco nella tasca… °ci voleva anche questa… (*si toglie il soprabito per riuscire meglio they try nell'operazione… tutti e tre °si danno da fare per riuscire a raggiungere la chiave che però sembra essersi animata e sfugge continuamente*)

ANNA. Eccola… e no… me l'hai fatta scappare…

LADRO. Fermi, eccola… macché… ma dove s'è cacciata?

ANTONIO. Ehi, piano, mi strappate tutta la fodera… accidenti è andata nella manica… (*si odono della voci arrivare dall'altra stanza sempre più vicine*)

ANNA. Eccoli che arrivano, e adesso come si fa?

LADRO. Senta venga qua, ci sono stato io un paio d'ore. *indicating for him to enter* (*apre la cassa dell'orologio*) Non ci si sta mica tanto male… (°*facendolo accomodare*) L'avverto che fra poco suonerà il tocco… attenti al botto… e guardi che non si può fumare. (*entrano le due donne seguite dal padrone di casa. Sono piuttosto scalmanate*)

MOGLIE DEL LADRO. (*rivolgendosi a quest'ultimo*) Visto che loro non vogliono spiegarmi, adesso andiamo a casa e me lo spiegherai tu.

LADRO. Perché vuoi andare a casa? Si sta così bene qui… sono così gentili… Guarda, mi hanno dato anche il pigiama.

Poi, anche volendo, non so proprio come si potrebbe uscire… manca la chiave.

MOGLIE DEL LADRO. (*scuotendo la porta*) Ma per te non sarà difficile °far saltare la serratura… è il tuo mestiere no? (*il Ladro tira fuori dalla tasca un enorme mazzo di chiavi*)   °pick the lock

ANNA. (*rivolgendosi al marito*) Quante chiavi! Come mai?

UOMO. Te l'ho detto, è produttore, e se un produttore non ha almeno un cinque o sei uffici… due o tre ville, un paio di pied-à-terre, che razza di produttore è? (*in quel preciso istante il grande orologio a pendolo batte il tocco. Un gran botto, un grido, e il disgraziato inquilino del cassone esce imprecando*)

ANTONIO. Ahi! che male… la testa… ohiohiohi!

LADRO. Gliel'avevo detto… che faceva il botto! E adesso non c'è neanche l'acqua vegeto-minerale…

DONNA. (*terrorizzata*) Ma quello è mio marito. (°*facendo la disinvolta*) Ciao caro!   °feigning indifference

ANTONIO. Giulia… Cosa fai in questa casa?

ANNA. Come? Conosci la moglie del signor Tornati?

ANTONIO. La moglie di chi?… Ma °non facciamo scherzi… Giulia è mia moglie…   °let's not fool around

UOMO. (*rivolgendosi alla moglie*) No, no, cara, non ti preoccupare… c'è stato un equivoco…

LADRO. Un altro equivoco? Oh, ma quanti questa sera!

DONNA. Tu mi dovrai spiegare che facevi in quell'orologio. (*al Ladro*) C'era già quando c'era lei?

LADRO. (*dopo un attimo di perplessità*) Ma sa, è così buio là dentro!

UOMO. Ma è chiaro… chiarissimo, solamente mi dovete permettere di spiegare l'equivoco… dunque…

LADRO. Dunque… un corno… Qui non c'è nessun equivoco… vi dico io cosa c'è… c'è che… (*ma non fa in tempo a continuare che gli altri per paura che venga scoperta ogni loro tresca, lo interrompono subito*)

ANNA. Ma certo che c'è l'equivoco… è chiaro che c'è!

ANTONIO. Sì, sì, l'ho capito subito anch'io… anzi mi meraviglio che non se ne sia accorto anche il signore… è tutto un equivoco…

DONNA. È così chiaro che lo capirebbe anche un bambino…

UOMO. Dunque non c'è neanche bisogno di spiegarlo… Gli equivoci non si spiegano… altrimenti che equivoci sarebbero?

LADRO. (*alla moglie*) Vieni, presto!

MOGLIE DEL LADRO. Aspetta, non tirarmi così. (*vanno verso la porta che il Ladro ha riaperto in precedenza. Passando vicino all'interruttore il Ladro spegne la luce*)

ANNA. Chi ha spento la luce?

DONNA. Che succede?

ANTONIO. Fermateli!... dove vanno quei due?

DONNA. È talmente pazzo che sarebbe capace di andare a costituirsi... presto...

UOMO. Presto, fermateli, non lasciateli scappare...

DONNA. Sono usciti per il giardino... correte!

UOMO. È impossibile... Ad ogni modo voi due andate da quella parte... tu vieni con me. (*escono tutti. Silenzio. Dalla finestra appare la luce di una lampada tascabile. La luce avanza nella stanza fin ad inquadrare il sacco della refurtiva. Ma riecco i padroni di casa*)

UOMO. È rientrato dalla finestra, il furbacchione! È tornato a riprendersi l'argenteria...

ANNA. Prendetelo!

DONNA. Presto... tienilo!... non lasciarlo scappare...

UOMO. Accendi la luce! (*eseguono. Circondato dai quattro inseguitori appare un secondo ladro*)

SECONDO LADRO. (*disgustato*) Eh no! Eh no! Adesso incominciamo ad esagerare... Se vi mettete anche voi °a fare le trappole... la finestra aperta, il malloppo pronto... e poi ad un certo momento: tracchete... tutto in fumo... Eh no... così non vale... Io vado ai sindacati e buona notte.

TUTTI. Noo!!!

UOMO. No, per carità, ci ascolti, c'è stato un equivoco.

SECONDO LADRO. Un che?

TUTTI. Un equivoco!!

UOMO. Ora, se lei permette, glielo spieghiamo...

TUTTI. Dunque... (*le prossime battute vengono recitate contemporaneamente una sull'altra: il risultato sarà un gran vociare senza una sola parola comprensibile*)

DONNA. Questa sera stavo con mio marito... e ho ricevuto una telefonata e sono corsa subito qui...

ANNA. Ero a Villa Ponente... suona il telefono e dall'altro °capo del filo sento una voce di donna che m'insulta...

UOMO. Ero da mia madre... stavamo mangiando... quando... mi ricordo di colpo d'essermi dimenticate a casa la chiavi dell'ufficio.

ANTONIO. Questa sera sono andato al cinema... sa, uno di quei polpettoni tutto d'amore e passione... quando... (*il Secondo Ladro aggredito da quel turbinio di parole indietreggia fino a trovarsi da prima seduto, poi °lungo disteso sul divano ormai in balìa dei quattro fedifraghi che parlano, parlano senza pietà*)

to set traps

end of the wire

Conversazione

A.

1. A che cosa allude il titolo?
2. Descrivere l'entrata del Ladro nella casa.
3. Che cosa fa il Ladro quando squilla il telefono?
4. Con quale tecnica moderna l'autore sormonta la distanza tra i due personaggi al telefono?
5. Che cosa ci rivela la conversazione tra Maria e il Ladro?
6. Che attrazione ha per Maria l'orologio a pendolo e quale difficoltà rappresenta per il Ladro?
7. Che cosa fa il Ladro dopo aver parlato con la moglie; che cosa lo interrompe e dove si nasconde?
8. Che cosa deduciamo dalla conversazione tra l'Uomo e la Donna che arrivano?
9. Perché il rimorso e il senso di colpa nella Donna non appaiono genuini quando l'Uomo menziona il marito di lei?
10. Quali conseguenze, secondo la Donna, potrebbe portare il fatto che l'Uomo stacca il ricevitore e lo chiude nel cassetto?
11. Perché la parola 'polizia' suscita terrore nei tre personaggi che sono in iscena?

B.

1. Quando la moglie del Ladro è al telefono, per chi prende l'Uomo che le parla e cosa gli dice?
2. Che paragone fa la Moglie del Ladro tra l'Uomo e suo marito, e perché?
3. Dal discorso al telefono della Moglie del Ladro che cosa deduce la donna?
4. Di che cosa si vanta la Donna di aver fatto per non amareggiare il marito?
5. Nella sua leggerezza e nel suo egoismo, quale soluzione accetterebbe la Donna per salvarsi? perché l'Uomo non riesce a spararsi?
6. Che cosa avviene quando l'Uomo sta finalmente per uccidersi e che reazione ha il Ladro?
7. Che argomenti usa il Ladro per difendersi dall'Uomo?
8. L'Uomo e la Donna chi credono sia il Ladro, e come cercano di liberarsi di lui?
9. Quale soluzione adottano i due amanti e che effetto ha sul Ladro?
10. Perché la Donna non crede che lui sia un ladro, e con che prosopopea il Ladro difende la sua professione?
11. Come mai la Donna riconosce il Ladro e quale effetto ha la notizia su di lei?

C.

1. Chi è Anna? Per quale ragione ritorna a casa e che propone il marito per salvare la situazione?

2. Qual'è l'atteggiamento di Anna verso i presunti sposi e cosa li invita a fare?
3. Quale ironico concetto ha il Ladro del suo mestiere?
4. Perché il marito impone al Ladro di rubare e, impugnando la rivoltella, lo obbliga a prendere vari oggetti di valore?
5. Al suo entrare, che cosa crede la Moglie del Ladro e che cosa consiglia al marito?
6. Come si comporta la Moglie del Ladro nell'apprendere che lui ha un'altra moglie?
7. Come spiega l'Uomo la presenza della Moglie del Ladro alla propria moglie?
8. Per quale ragione l'Uomo dice alla moglie che il Ladro è un produttore cinematografico?
9. Come cerca di spiegare l'Uomo alla propria Moglie la presunta situazione bigama del Ladro?
10. Chi arriva a complicare la situazione quando Anna è sola in iscena e quale equivoco si chiarisce attraverso la loro conversazione?

D. _____

1. Come mai Anna ha scambiato la voce della Donna che le ha telefonato per la Moglie di Antonio?
2. Nel veder entrare il Ladro col pigiama sotto al braccio, per chi lo prende Antonio, e che cosa fa?
3. Come si chiarisce l'equivoco?
4. Per quali motivi il Ladro consiglia ad Antonio di nascondersi nell'orologio a pendolo?
5. Perché Antonio esce dall'orologio a pendolo e che reazione ha la moglie?
6. Perché anche Anna si unisce agli altri nel coprire la tresca con un equivoco inventato?
7. Per quale motivo l'Uomo dice che gli equivoci non si spiegano?
8. Cosa fa il Ladro prima di fuggire e perché gli altri lo inseguono?

E. _____

1. Che cosa sospetta il Secondo Ladro nell'entrare dalla finestra?
2. Come si scusano tutti col Secondo Ladro?
3. Qual'è l'ulteriore motivo per il quale si scusano col Secondo Ladro?
4. Perché il primo Ladro è, in sostanza, il perno della commedia?
5. Quale aspra critica della società rivela questa parodia?
6. Che reazione personale suscita la dura critica di Fo sulla società?
7. Discutere se il finale della commedia rispecchia il titolo e in che modo questa farsa è assurda e paradossale.
8. Cosa rivela il comportamento conclusivo dei personaggi?
9. Come sarebbe dovuta finire la commedia se i personaggi avessero avuto un comportamento diverso?

Progetto di rappresentazione

1. Scegliere delle scene della commedia e recitarle in classe.

2. Alternare gli interpreti ripetutamente per ogni scena per un'eventuale selezione finale a voto a cui parteciperà l'intera classe.

3. La commedia sarà indi recitata per intero, in classe o in teatro dagli interpreti scelti.

4. La rappresentazione della commedia potrà anche essere ripresa su 'video-tape,' per una susseguente analisi in classe.

Esercizi tematici

A. *Trattare i seguenti argomenti oralmente o per iscritto:*

1. l'apparente logica del ladro nello svaligiare la casa altrui
2. la leggerezza e l'immoralità dei rapporti fra l'uomo e l'amante
3. l'atteggiamento della moglie del ladro al telefono verso la professione del marito
4. le deduzioni del padrone di casa tratte dalla conversazione telefonica con la moglie del ladro
5. l'ipocrisia della messa in scena dello scambio dei personaggi all'improvviso arrivo di Anna
6. la confusione che genera l'arrivo della moglie del ladro
7. la spudorata attitudine di Antonio verso Anna riguardo un convegno con un altro amante
8. la mancanza di valori che rende tutti i personaggi ladri

B. *Intervistare in qualità di giornalista i personaggi principali di questa commedia indagando le ragioni psicologiche delle loro azioni. Gli interpreti dei personaggi dovranno immedesimarsi nei loro ruoli e rispondere alle domande del giornalista.*

PERSONAGGI PRINCIPALI

Il Ladro
La Moglie del Ladro
L'Uomo (il padrone di casa)
La Donna (l'amante del padrone di casa)
Anna
Antonio
_____
Il Giornalista

C. *Discutere la commedia, sviluppando i seguenti aspetti:*

1. ambiente
2. descrizione dei personaggi
3. rapporti fra i personaggi
4. reazioni del lettore al racconto

D. *Scrivere un componimento dando rilievo ai valori morali dei personaggi di questa commedia.*

E. *Sviluppare i seguenti punti inerenti alla commedia in maniera affermativa o negativa:*

1. Sarebbe stato preferibile che la moglie del ladro non avesse telefonato al marito?
2. Sarebbe stato logico che il padrone di casa avesse chiamato la polizia per fare arrestare il ladro?
3. Sarebbe stato consigliabile che il ladro avesse spifferato ogni cosa, svelando la tresca di ciascun personaggio?

Esercizi di lessico

A. *Comporre una frase per ogni espressione idiomatica qui sotto elencata:*

1. non dovresti prendertela
2. si danno da fare
3. non fate complimenti
4. passarla liscia
5. non ci casco
6. non mi prendere in giro
7. mi fai schifo
8. avrà delle grane
9. la sapete lunga
10. non sarà un gran che
11. bella figura mi fa fare
12. sul più bello

B. *Accoppiare i sostantivi della prima colonna con i verbi appropriati della seconda e formare delle frasi usando per i verbi dei tempi a piacere:*

il ladro	arrestare il colpevole
il galantuomo	accendere
la pistola	saltare
la pendola	pedinare
la polizia	illuminare
il ricevitore	dimenticare
la luce	abbassare
il sindaco	sparare
la finestra	non dire
il padrone di casa	percuotere
il regalino	suonare l'ora
la lampada tascabile	diventare

C. *Accoppiare i sinonimi qui sotto elencati:*

l'equivoco	il guaio
l'affetto	restare
perdonare	l'errore
tacere	l'amore
il lavoro	star zitto
la calamità	la paura

SALVATORE QUASIMODO.

SERGIO CORAZZINI a 18 anni
durante la sua breve permanenza a Cremona.

il rapinatore	rimanere
il mestiere	il ladro
l'occupazione	avvisare
il terrore	l'avversità
fermo	il mestiere
immobile	scusare

Esercizi di grammatica

A. *Mettere i verbi delle seguenti frasi al futuro, al condizionale, all'imperfetto, al passato prossimo, al passato remoto e al trapassato prossimo (v. MGI pp. 76, 162, 91, 95, 116, 91):*

1. Il ladro fa capolino fuori del suo nascondiglio, sente la voce di sua moglie che inveisce e non può fare a meno di preoccuparsene seriamente.
2. Il ladro si avvicina al telefono, con un balzo strappa il ricevitore, lo copre con la giacca e se lo stringe al petto, mentre dal ricevitore esce flebile e soffocata la voce della moglie.
3. Dalla finestra appare la luce di una lampada tascabile che avanza nella stanza e inquadra il sacco della refurtiva.

B. *Formare delle brevi frasi con i seguenti verbi, alternando i tempi:*

ESEMPIO: scherzare

pres.	Io *scherzo* con tutti.
imperf.	Tu *scherzavi* innocentemente.
pass. remot.	Quella sera egli *scherzò* troppo.
fut.	Dopodomani noi *scherzeremo* a nostro piacere.
cond. pres.	Voi *scherzereste* di una cosa così seria?
pass. pross.	In questi giorni *hanno scherzato* poco.
trap. pross.	Io *avevo scherzato* senza malizia.
cond. pass.	Tu *avresti scherzato* tutta la sera.
cong. pres.	Egli non vuole ch'io *scherzi* con la moglie.
cong. imp.	L'uomo non voleva che noi *scherzassimo* in quel momento.

VERBI

1. ragionare
2. perdonare
3. uccidere
4. perdere
5. colpire
6. mentire

C. *Mettere i verbi delle seguenti frasi al congiuntivo presente e passato (v. MGI pp. 148 e seg.) anteponendo l'espressione* Bisogna che lui:

1. spiegare l'equivoco
2. stringere la mano
3. non sentirsi offeso
4. non abbandonare gli amici
5. riconoscere il torto
6. lavorare sodo

D. *Mettere i verbi delle frasi dell'esercizio C al congiuntivo imperfetto e trapassato (v. MGI pp. 148 e seg.) anteponendo l'espressione* Bisognava che lui.

E. *Formare delle frasi con le seguenti espressioni avverbiali usando al congiuntivo (v. MGI pp. 148 e seg.) i verbi indicati:*

1. prima che	1. interrompere
2. a meno che non	2. salvare
3. finché	3. innamorare
4. benché	4. partire
5. senza che	5. svaligiare
6. nonostante	6. litigare
7. purché	7. impedire
8. come se	8. riuscire

PROSA

The term "short story" seems to have been used since the last decade of the nineteenth century, nevertheless we know that the brief narratives have existed since ancient times in the form of parables and anecdotes. The short tales in Boccaccio's renowned Decameron *are medieval expanded examples of this ancient form. However, generally speaking, before the nineteenth century, this narrative genre was purely didactic in nature or was written with the intent of conveying a message. The contemporary short story is often described as an "interesting happening, or series of happenings" and, like good drama or poetry, should be such good entertainment and have such an impact that, on a second reading, it should reveal new meanings and produce continued pleasure and inspiration.*

The short story writer is limited to a few pages in presenting the characters–their nature, their situations, and their conflicts. In the short story the reader has the unique experience of being drawn into its fold as if he were overhearing people talk and instinctively reacts as the author focuses on the characters' behavior and way of thinking. The dialogue often contained in short stories helps to give the narration a sense of reality and an affinity to drama. Even if the author may appear at times detached from his characters, the reader is often under the impression of being emotionally involved in the events as they develop. Consequently, in the process, the reader is forced to draw his own conclusions and, as in other forms of literature, through his personal responses, uniquely shares in the creative efforts of the writer.

Terminologia

author	autore *m.*, autrice *f.*
background	sfondo, ambiente *m.*
beginning	principio
chapter	capitolo
character	personaggio
colon	due punti
comma	virgola
conclusion	conclusione *f.*
dash	lineetta
description	descrizione *f.*
development	svolgimento
dialogue	dialogo
ellipsis	puntini *m. pl.*
end	fine *f.*
environment	ambiente *m.*
essay	saggio
first person	in prima persona
introduction	introduzione *f.*
landscape	paesaggio
narrative	narrativa
narrator	narratore *m.*, narratrice *f.*
novel	romanzo
novelist	romanziere *m.*
page	pagina
paragraph	paragrafo
parenthesis	parentesi *f.*
period	punto
plot	trama
prose	prosa
prose writer	prosatore *m.*, prosatrice *f.*
quotation marks	virgolette *f. pl.*
semicolon	punto e virgola
sentence	frase *f.*
short story	novella
story	racconto
title	titolo
word	parola
writer	scrittore *m.*, scrittrice *f.*

Alberto Moravia

ALBERTO MORAVIA (1907-) è forse il più noto romanziere contemporaneo d'Italia. È nato a Roma dove risiede °tuttora. Ha passato i primi *as of now*
anni giovanili in solitudine in vari sanatori per curare un'ostinata
tubercolosi ossea. Questa costante solitudine ha favorito il suo estro
letterario e gli ha permesso di dar vita alle stupende immagini della
sua fervida fantasia. Il suo primo romanzo, *Gli indifferenti*, scritto
quando aveva meno di vent'anni, segna uno dei momenti cruciali
della letteratura italiana del °Novecento, sia per lo spietato realismo *20th century*
dell'argomento che anticipa temi e accenti esistenzialisti, che per la
maestria narrativa del giovane autore. Moravia ha pubblicato più di
venti volumi tra romanzi, commedie, racconti e saggi. La critica
considera tuttora le sue brevi opere sull'adolescenza, *Agostino* e *La
disubbidienza*, fra i suoi migliori lavori. Fra i romanzi più noti, oltre ai
sopraddetti, °sono da aggiungere: *La romana, La ciociara, Il confor-* *are to be added*
mista, Il disprezzo, La noia e *L'attenzione*. Quasi tutte le sue opere
hanno come sfondo la sua città natale, e i suoi personaggi rivelano i
conflitti morali e psicologici dell'uomo moderno. Moravia è particolarmente sensibile nel rappresentare la condizione umana e le ingiu-
stizie sociali. Le sue opere, per le quali ha ricevuto quattro importanti
premi letterari, sono state tradotte in molte lingue. La sua produzione ha avuto un peso notevole nella vita culturale italiana. È critico
letterario, cinematografico e anche °giornalista di vaglia; collabora *outstanding journalist*
tuttora al *Corriere della sera* di Milano.

LA CONCORRENZA

Dicono che la concorrenza è l'anima del commercio. Almeno,
quando ero ragazzino, così mi assicurava mio nonno che,
poveretto, °per via della concorrenza era fallito due volte con *because of competition*
una sua botteguccia di cocci e vetri. Lui la spiegava in questo
modo, la legge della concorrenza: "È una legge di ferro, nessuno può sperare di sfuggirci... °poniamo che io metta su in *suppose that*
via dell'Anima un negozio, appunto, di stoviglie, come °sa- *that is to say*
rebbe a dire piatti, scodelle, tazze, bicchieri... poco più giù,
nella stessa strada, un altro mette su un negozio uguale... lui
mi fa la concorrenza, ossia vende le stesse stoviglie ad un
prezzo minore del mio... la clientela passa a lui e io fallisco...
questa è la legge della concorrenza." "Ma nonno" io rispondevo, "se tu fallisci, noialtri moriamo di fame." "Si capisce,"

rispondeva lui trionfante: "voi morite di fame, ma il compratore si avvantaggia." "E a me °che me ne importa del compratore?" "°A chi lo dici?… °figurati a me… se dipendesse da me lo vorrei vedere scannato… ma, appunto, questo è il bello della legge della concorrenza: ti costringe a fare il vantaggio del compratore anche se non lo vuoi." Io concludevo: "Sarà, ma se qualcuno si mette in testa di farmi fallire, °proprio apposta, io gli faccio due occhi grandi così." "Perché sei manesco e prepotente" rispondeva il nonno, "ma nel commercio la prepotenza °non vale… ti mettono dentro e tu fallisci prima: ecco tutto… nel commercio non vale che la concorrenza."

Basta, anni dopo dovevo ricordarmelo questo ragionamento sulla concorrenza. Anch'io mi ero messo nel commercio, benché più modestamente del nonno perché, nel frattempo, la famiglia era andata giù: mio padre era morto e mio nonno, mezzo paralizzato, non poteva più commerciare né fallire e stava tutto il giorno a letto. Avevo dunque ottenuto la licenza di venditore ambulante per un carrettino pieno di °tutto un po': olive dolci, arance, castagne secche, fichi secchi, mandarini, noci, noccioline americane e altra roba simile. Con questo carrettino, mi scelsi per luogo l'imboccatura del ponte che sta di fronte al traforo del Gianicolo. È un luogo frequentato, ci capitano tutti quelli che vanno e vengono da Madonna di Riposo e °in genere gli abitanti di Trastevere e di Monteverde che debbono passare per corso Vittorio. Avevo calcolato bene il luogo e, infatti, subito, le cose mi andarono bene. Era primavera: con le prime giornate calde, °di buon mattino io mi mettevo a capo del ponte con il carrettino colmo e la sera me ne andavo che sul carrettino non erano rimasti che i cartelli dei prezzi e il copertone di incerato. La domenica, poi, con tutto quel traffico di gente che °va a spasso °fuori porta, avessi avuto anche due carrettini, non sarebbero bastati. Il commercio, insomma, prosperava; e lo dissi al nonno. Ma lui, ostinato nelle sue idee, rispose: "Per ora non si può dire… non hai la concorrenza e vendi come ti pare… aspetta."

°Aveva ragione. Una mattina, ecco che un carrettino in tutto simile al mio venne a mettersi °a metà del ponte. Erano in due a vendere, due donne, madre e figlia. Voglio descriverle perché sono state la causa della mia rovina e, finché campo, me le ricorderò. La madre era una contadina °delle parti di Anagni, e vestiva come le contadine, con la gonnella nera e lunga e uno scialletto. Aveva i capelli grigi °chiusi nel fazzoletto e la faccia che ne sporgeva, tutta premurosa e falsa, sempre raggrinzita in una smorfia di sollecitudine. Quando faceva il cartoccio delle olive, oppure pesava due arance,

---

Marginal glosses (left column):

what do I care about the buyer
you're telling me · imagine to me

just on purpose

has no value

a little of everything

usually

early in the morning

goes for a walk · beyond the gate of the city

he was right
half way across the bridge

from the area of Agnani

hidden under her scarf

soffiava e inarcava le ciglia °come per dare a intendere che ci
metteva un impegno particolare; e quindi, porgendo la
merce, °non mancava mai di aggiungere qualche paroletta
amabile, come: "Guarda, ti ho capato le due arance più
belle," oppure: "È più di un etto... ma per te facciamo un
etto, va bene?" La figlia, lei, invece, non faceva nulla e stava
lì, è la parola, per bellezza. Perché era bella, questo lo vidi
subito, sono giovanotto e le donne belle piacciono anche a
me. Poteva avere diciotto anni ma nella persona ne mostrava
trenta, tanto era sviluppata, maestosa e ben formata. Aveva il
viso bianco come il latte con °un non so che di torbido, di
indeciso, di schifiltoso nelle labbra carnose ma pallide e negli
occhi grigi, sempre foschi e corrucciati. Le narici le si increspa-
vano facilmente, con espressione come di schifo; e, insomma,
pareva sempre sul punto di svenire, come se fosse stata incinta. La madre gironzolava intorno il carrettino, tutta strac-
ciata e vispa, i piedi in due °scarpacce da uomo, simile ad uno
di quei passerotti vecchi e grossi che °non stanno mai fermi;
lei, invece, vestita di una gonnella corta e di una maglia ade-
rente, sedeva per ore su una seggiola °facendo la calza con i
ferri lunghi infilati sotto le ascelle. Si chiamava Eunice; e a me
faceva pensare all'anice, forse per la bianchezza della carnagione, che era appunto quella dell'anice quando ci si mette
l'acqua.

Io sono alto e grosso, sempre con la barba lunga e i capelli
arruffati. I vestiti che portavo °erano tutta una toppa. Sem-
bravo, insomma, un vagabondo o peggio. Inoltre, per quanto
cerchi di controllarmi, ho le maniere brusche e °vado in collera
facilmente. La mia voce, poi, è rauca, quasi minacciosa. Subito mi accorsi che, per la concorrenza, questo mio aspetto mi
metteva in condizioni di inferiorità. I nostri carrettini quasi si
toccavano: da una parte la madre, con una voce di cicala,
gridava: "Ma che arance... che arance... comprate, comprate
le mie arance"; dall'altra io, ritto presso il carrettino, il cap-
potto chiuso sotto la gola, il berretto sugli occhi, rispondevo,
con la mia vociaccia: "Arance, arance dolci, arance." La gente
esitava, guardava prima me, poi la madre, finalmente guardava la figlia e allora, specie se erano uomini, si decideva per
le due donne. La madre, da vera arpia, pur pesando la merce
con i soliti soffi e inarcamenti di ciglia, badava, al tempo
stesso, a gridare: "Comprate, comprate," per timore che, nel
frattempo, qualcuno andasse da me. °La sapeva lunga e,
quando proprio non ce la faceva, diceva, lesta, alla figlia: "Su,
Eunice, servi il signore... svelta." Eunice posava il lavoro, °si
alzava in due tempi, maestosamente, prima col petto e poi coi

as if to make them believe

never missed

something I cannot describe

old men's shoes
they never stand still

knitting

they were patched all over

I go into a rage

she knew her business (she was
shrewd)
she got up in two separate move-
ments

fianchi e serviva il cliente senza guardarlo, gli occhi bassi. Quindi, senza una parola, senza un sorriso, tornava a sedersi.

they took away
I started to hate

Insomma, la concorrenza: in una settimana °mi soffiarono quasi tutti i compratori. °Presi a odiare le due donne, specie la madre che non nascondeva la sua soddisfazione e mi lanciava un'occhiata di trionfo ogni volta che mi portava via qualche cliente indeciso. Non c'è niente di peggio in queste situazioni che perdere la testa e io, ormai, l'avevo già perduta. Diventavo ogni giorno più ispido, più brusco, più minaccioso. La barba, i vestiti rattoppati e la voce rauca facevano il resto. Gridavo: "Arance dolci" con un tono addirittura truce; e la gente, guardandomi, si spaventava e andava dritta al carrettino accanto. Un giorno, poi, la mia indole prepotente mi tradì. Un paino giovane e piccolo, in compagnia di una donna grande il doppio di lui, contemplava le mie arance e non si decideva. Io ripetevo, disgustato: "Sono belle le mie arance," e lui le tastava e tentennava il capo. Quel donnone che gli stava al braccio avrebbe potuto essere sua madre e questo lo decise. Perché lanciò un'occhiata a Eunice, bella come una statua, e allora, brutto porco, si avviò direttamente verso di lei. Io persi la pazienza e lo afferrai per un braccio dicendo: "Non le vuoi le mie arance? Preferisci quelle? Te lo dico io perché preferisci quelle…: perché ci hai una donna che sembra un elefante e quella ragazza lì °ti fa gola… ecco perché."

tantalizes you

Successe un pandemonio: lui che gridava: "Giù le mani o ti spacco il muso"; io che, una bottiglia in mano, rispondevo: "Provaci e vedrai"; la gente che si metteva in mezzo. Finalmente vennero le guardie e ci separarono. Ma in quell'occasione mi accorsi di due cose: prima di tutto che quel movimento di collera l'avevo avuto più per gelosia che per rabbia di concorrenza; in secondo luogo che Eunice, in quel tafferu-

had taken my side

glio, °aveva, in certo modo, preso le mie parti, dicendo alle guardie che lei non aveva visto e non sapeva niente.

chosen a moment

Insomma, mi innamorai di Eunice, o meglio mi accorsi che ero innamorato e, °colto un momento che la madre non c'era, glielo dissi alla maniera mia, francamente, brutalmente. Lei non si stupì, ma si limitò a dirmi, levando gli occhi dal lavoro:

I like you too
away I ran
through the streets along the Tiber · at the top of my lungs

"°Anche tu mi piaci." Avreste dovuto vedermi. A quelle quattro parolette, acchiappai le stanghe del carrettino e °via di corsa °per i lungoteveri, cantando °a squarciagola, mentre la gente dai marciapiedi mi guardava come se fossi diventato matto. Non ero matto, ero soltanto contento. Era la prima volta che una donna mi diceva parole come quelle ed ero convinto di averla conquistata. Ma la sera stessa all'appuntamento presso ponte Vittorio, quando, dopo i soliti discorsi, tentai di prenderla per la vita e di baciarla, mi accorsi che la conquista era ancora tutta da fare. Si lasciava abbracciare e stringere un po' come una morta, le braccia penzolanti, il corpo molle, le ginocchia piegate; e se tentavo di darle un bacio, in un modo o in un altro non mi riusciva mai di incontrare le sue labbra, e il bacio andava a finire sul collo o sulla guancia. Dopo quella prima sera, ci vedemmo spesso, ma sempre con lo stesso risultato: tanto che alla fine, spazientito, le dissi: "°Ma di' un po', che ci vediamo a fare?" E lei: "Sei   *but tell me* troppo prepotente... con le donne bisogna essere gentili... fai con me come quando vendi le arance: vorresti le cose per forza." Io le dissi: "Non ti capisco, ma sono pronto a sposarti... poi, una volta sposati, ragioneremo." Ma lei scosse la testa: "Per sposarsi bisogna amarsi e io non ti amo ancora... bisogna che a forza di gentilezza tu ti faccia amare... sii gentile e io ti amerò." Insomma, mi intimidì a tal punto che, ormai, non osavo più prenderla per la vita. °A forza di gentilezza,   *by means of* eravamo diventati come fratello e sorella; sì e no qualche volta le toccavo una mano. Mi pareva, è vero, che la cosa non fosse

ALBERTO MORAVIA durante una conferenza all'Università di California, Los Angeles (aprile 1981).

meant so much to her
of being wrong

lived
suddenly

lately

in comparison to me
controlling myself

for once

there was trouble in the air
with an air of self-importance
as if she had done me a favor
suddenly appears

don't give me the run around ·
money indeed! · beat it, rather

he came up to me

naturale; ma lei °ci teneva tanto a questa gentilezza che io mi ero convinto °di aver torto e di non aver mai capito nulla dell'amore.

Una di quelle sere, sebbene non avessi l'appuntamento, andai a gironzolare dalle parti di via Giulia, dove lei °stava di casa. Ad un vicoletto, lei mi sbucò °ad un tratto sotto il naso, passandomi avanti e camminando svelta verso il lungotevere. Incuriosito, la seguii a distanza. La vidi andare dritta alla spalletta del fiume, dove c'era un uomo che sembrava aspettarla. Poi, tutto avvenne in maniera franca e spicciativa, senza alcuna gentilezza. Lei gli mise una mano sulla spalla e lui si voltò: lei gli accarezzò il viso e lui l'acchiappò per la vita; lei gli tese le labbra e lui la baciò. In un minuto, insomma, lui aveva fatto quello che io, con tutta la mia gentilezza, non ero riuscito a fare in un mese. Poi, come si girava, la luce del fanale gli cadde sul viso e lo riconobbi: era un giovanotto basso e grasso che, °da ultimo, avevo visto gironzolare intorno i carrettini. Macellaio, con il negozio lì accanto, in via Giulia. Per il fisico, °a petto a me, non era nulla: ma aveva la macelleria. Avevo aperto il coltello che tenevo in tasca. Lo richiusi, °vincendomi, e me ne andai.

Il giorno dopo lasciai il carrettino nel cortile, mi alzai il bavero sul collo, mi calcai il berretto sugli occhi e mi presentai al ponte del Gianicolo, °una volta tanto come compratore. Fingendo di non conoscerla, dissi alla madre: "Dammi un etto di olive, ma belle, eh," con la mia voce più rauca e più minacciosa. Eunice che, al solito, lavorava seduta sulla seggiola, doveva aver capito che °tirava un'aria brutta, perché mi salutò appena. Mentre la madre, senza soffiare, anzi °con sufficienza, °come se mi avesse fatto la grazia, mi pesava le olive, °ecco spuntare il macellaio e accostarsi a Eunice. Dissi alla madre: "Non rubare sul peso, come il solito, mi raccomando." Lei, da vera strega, rispose: "Tu, rubavi sul peso, tanto è vero che da te la gente non ci è più venuta." Vidi il macellaio fare una carezza in capo ad Eunice e, chinandosi, dirle qualche cosa all'orecchio; presi il cartoccio delle olive, ne misi una in bocca e poi la sputai proprio in faccia alla madre, e dissi: "Ahò, ma sono marce le tue olive." Lei, arrogante, rispose: "Sei tu marcio, brutto vagabondo." Le dissi: "Ridammi i soldi, su, °non fare storie." E lei: "°Macché soldi... °vattene piuttosto." Il macellaio, a questo punto, si avvicinò, dondolandosi sui fianchi e domandò: "Ma che vuoi, si può sapere che vuoi?" Risposi: "I soldi... queste olive sono marce"; e nello stesso tempo gli sputai in faccia un'oliva mezza morsicata. Subito lui °mi venne sotto e mi agguantò al petto, dicendo:

"Guarda, è meglio che te ne vai." °Faceva il prepotente, da vero bullo. Io, che avevo aspettato questo momento, senza neppure parlare mi liberai con una scossa e poi lo agguantai °a mia volta con una sola mano, alla gola, e lo rovesciai indietro, sul carrettino. Intanto con l'altra mano, cercavo in tasca il coltello. Ma per sua fortuna, il carrettino, °tutto ad un tratto, si ribaltò e lui °cadde in terra tra le arance che rotolavano d'ogni parte, mentre la gente accorreva e la madre °urlava come una ossessa. Anch'io per lo slancio, ero scivolato in terra. Quando mi rialzai, mi trovai °di fronte a due carabinieri. Stringevo in mano il coltello, sebbene °non avessi fatto a tempo ad aprirlo, e questo bastò. Mi arrestarono e mi portarono a Regina Coeli.

Qualche mese dopo, uscii di prigione °più brutto che mai, senza soldi, senza licenza di venditore ambulante, disperato. Il nonno, come mi vide, disse: "Sei stato vittima della concorrenza... ma °da' retta: nel commercio, °il coltello non vale... vendi pure i coltelli, ma non usarli." Non gli risposi; e siccome era °una giornata di sole, °me ne andai a spasso dalle parti di via Giulia. La macelleria era aperta, °coi quarti appesi agli uncini e avvolti nella garza; e il macellaio stava °in cima al banco, rosso e lustro in faccia, le maniche rimboccate sulle braccia nude. Spaccava le bistecche sul marmo, °a colpi di mannaia. E °sotto il banco, seduta su una seggiola, °intenta a far la calza, c'era Eunice. Così seppi che si erano sposati; e lei doveva già essere incinta perché quella calza che faceva era un calzettino rosa, piccolissimo, proprio da lattante. °Tirai avanti, guardando a tutte le botteghe lungo la strada, nella speranza di incontrare un'altra macelleria che facesse la concorrenza al marito di Eunice e lo facesse fallire. Ma non c'era: nient'altro che stagnari, falegnami, marmisti, arrotini, corniciai e roba simile. Dove finisce via Giulia, a Ponte Sisto, capii che era inutile insistere e °passai il ponte.

he became arrogant, like a real bully

in my turn

all at once
fell to the ground
she screamed like a maniac

facing
I had not made it in time

uglier than ever

listen to me · the knife has no use

a sunny day · I went for a walk
with the quarters [of beef] hanging · over the block

with blows of the cleaver
below the counter · knitting intently

I went on

I crossed the bridge

Conversazione

A. ___

1. Che cos'è la concorrenza secondo il nonno?
2. In che tipo di commercio era il nonno e perché se ne lamentava?
3. Che commenti fa il nipote e cosa risponde il nonno?
4. Che atteggiamento prende il nipote?
5. Cosa risponde il nonno?

6. Perché s'è dovuto mettere in commercio il nipote?
7. Descrivere quello che fa il venditore ambulante.
8. Che cosa vende il nipote?
9. Dove si era piazzato e per quale ragione?
10. Perché in principio il suo commercio prosperava?

B. ___

1. Qual era la filosofia del nonno in merito al commercio?
2. Che cosa avvenne un mattino che causò poi la rovina del nipote?
3. Descrivere il suo modo di agire.
4. Che tipo di ragazza è Eunice?
5. Come si autodescrive il nipote?
6. Perché si sentiva inferiore nel vendere rispetto alla madre di Eunice?
7. Che cosa faceva Eunice per aiutare la madre a vendere la merce? E cosa avvenne?
8. Che cosa accadde all'arrivo del 'paino' col donnone?
9. Di che cosa si rende conto il nipote nei riguardi di Eunice. E come glielo dice?

C. ___

1. Che cosa avvenne al primo appuntamento tra il nipote e Eunice?
2. Perché Eunice non si è ancora innamorata del nipote e che cosa pretende da lui?
3. A che cosa portò la troppa gentilezza?
4. Che cosa riuscì a fare il macellaio senza gentilezza?
5. Che cosa fa fare la gelosia al nipote il giorno dopo?
6. Come va a finire la lotta fra il nipote e il macellaio?
7. Che filosofia ha il nonno in merito alla concorrenza?
8. Quale concorrenza farebbe piacere al nipote?
9. Quale reazione personale suscita il carattere e il comportamento del nipote?
10. Quale reazione personale suscita il finale del racconto?
11. Quale altro finale vi si potrebbe dare?
12. Parafrasare la scena preferita del racconto cambiando la prima persona usata dall'autore in terza persona.

Dialogo

Volgere in dialogo le seguenti scene:

1. il primo colloquio tra il nonno e il nipote
2. la madre, Eunice e il nipote che attirano i clienti, facendosi la concorrenza
3. la disputa tra il paino e il nipote
4. la scena in cui il nipote chiede ad Eunice di sposarlo
5. la scenetta in cui il nipote compra le olive dalla madre di Eunice
6. l'arrivo del macellaio e la lotta col nipote

Esercizi tematici

A. *Trattare i seguenti argomenti oralmente o per iscritto:*

1. la filosofia del commercio del nonno
2. la concorrenza nel mondo di Trastevere
3. l'inferiorità del nipote nel campo del commercio
4. la venalità di Eunice nello scegliere lo sposo
5. la rozzezza della madre di Eunice

B. *Intervistare in qualità di giornalista i personaggi principali di questo racconto, indagando le ragioni psicologiche delle loro azioni. Gli interpreti dei personaggi dovranno immedesimarsi nei loro ruoli e rispondere alle domande del giornalista.*

PERSONAGGI PRINCIPALI

Il Nipote
Eunice
La Madre di Eunice
Il Nonno
Il Paino

Il Giornalista

C. *Discutere il racconto, sviluppando i seguenti aspetti:*

1. ambiente
2. descrizione dei personaggi
3. rapporti fra i personaggi
4. reazioni del lettore al racconto

D. *Scrivere un componimento sulla concorrenza dei venditori ambulanti di Trastevere e sull'antagonismo che si sviluppa fra i personaggi principali del racconto.*

E. *Sviluppare i seguenti punti inerenti al racconto in maniera affermativa o negativa:*

1. Sarebbe stato preferibile che il nipote non si fosse innamorato di Eunice?
2. Sarebbe stato logico che Eunice avesse sposato il nipote invece del macellaio?
3. Sarebbe stato consigliabile che il nipote non si fosse messo a fare la concorrenza alla madre di Eunice?

Esercizi di lessico

A. *Comporre una frase per ogni espressione idiomatica qui sotto elencata:*

1. va a spasso
2. la sapeva lunga
3. poniamo che
4. ci teneva tanto
5. dare ad intendere
6. dà retta

7. me ne andai a spasso
8. a chi lo dici?
9. stava di casa

10. vado in collera
11. faceva il prepotente
12. tirai avanti

B. *Accoppiare i sostantivi della prima colonna con i verbi appropriati della seconda e formare delle frasi usando per i verbi dei tempi a piacere:*

il compratore	tagliare
il carrettino	piegarsi
il venditore ambulante	gonfiarsi
il giovanotto	gironzolare
il macellaio	spaccare
le labbra	sollevarsi
il coltello	accorgersi
il vagabondo	frequentare
le braccia	arrestare
il donnone	rotolare
il carabiniere	acchiappare
le ginocchia	andare a passeggio

C. *Accoppiare i sinonimi qui sotto elencati:*

la gentilezza	la bottega
la tasca	la merce
svelto	costringere
il fanale	le stoviglie
tastare	la maniera
la collera	prepotente
arrogante	lesto
il negozio	il lampione
la saccoccia	l'ira
i piatti	toccare
la cortesia	obbligare
il modo	la mercanzia

Esercizi di grammatica

A. *Mettere i verbi delle seguenti frasi al futuro, al condizionale, all'imperfetto, al passato prossimo, al passato remoto e al trapassato prossimo (v. MGI pp. 76,142, 91, 5, 116, 91):*

1. Quando fa il cartoccio delle ulive, oppure pesa due arance, soffia e inarca le ciglia, come per dare a intendere che ci mette un impegno particolare.
2. I vestiti che porto sono tutta una toppa; sembro un vagabondo, ho le maniere brusche e vado in collera facilmente.
3. Lei gli mette una mano sulla spalla e lui si volta, lei gli accarezza il viso e lui l'acchiappa per la vita; lei gli tende le labbra e lui la bacia.

B. *Formare delle brevi frasi con i seguenti verbi, alternando i tempi:*

ESEMPIO: pesare

pres.	Io *peso* le ulive nere.
imper.	Spesso tu *pesavi* la merce.
pass. rem.	Quel pomeriggio egli *pesò* le arance.
fut.	Il mese entrante noi *peseremo* le castagne secche.
cond. pres.	Voi *pesereste* i fichi secchi?
pass. pross.	La settimana scorsa loro *hanno pesato* i mandarini.
trap. pross.	Io *avevo pesato* ogni cosa.
cond. pass.	Tu *avresti pesato* persino il carretto.
cong. pres.	La madre proibisce che egli *pesi* la sua merce.
cong. imp.	Le due donne non permettevano che noi *pesassimo* la frutta.

VERBI

1. minacciare
2. calcolare
3. stringere
4. sporgere
5. avvenire
6. fuggire

C. *Mettere i verbi delle seguenti frasi al congiuntivo presente e passato (v. MGI pp. 148 e seg.) anteponendo l'espressione* Non è possibile che io:

1. andare dal macellaio
2. urlare come un'ossessa
3. cadere a terra fra le arance
4. mettere una mano sulla spalla
5. fare il cartoccio delle ulive
6. cercare di controllarsi

D. *Mettere i verbi delle frasi dell'esercizio C al congiuntivo imperfetto e trapassato (v. MGI pp. 148 e seg.) anteponendo l'espressione* Non era possibile che lei.

E. *Formare delle frasi con le seguenti espressioni avverbiali usando al congiuntivo (v. MGI pp. 148 e seg.) i verbi indicati:*

1. prima che	1. calcolare
2. a meno che non	2. sposare
3. finché	3. prosperare
4. benché	4. aggiungere
5. senza che	5. osare
6. nonostante che	6. picchiare
7. purché	7. chiudere
8. come se	8. accorgersi

Michele Prisco

MICHELE PRISCO (1920-), nato a Torre Annunziata, vive tutt'ora a
Napoli. Si è laureato in legge, ma ha preferito dedicarsi alla letteratura, collaborando a diversi giornali e riviste quali *Il Nuovo Corriere,
Letteratura, La Fiera Letteraria, Il Messaggero* e *L'Approdo*, scrivendo
racconti e facendo della critica letteraria. Il suo primo volume di
racconti, *La provincia addormentata*, scritto con animo indagatore e
stile robusto, vinse, nel 1949, il 'Premio Strega.' I suoi romanzi,
basati principalmente su studi di ambienti partenopei, ebbero straordinario successo nel dopoguerra. *Gli eredi del vento* gli guadagnò
l'ambito 'Premio Venezia' e *Una spirale di nebbia* un secondo 'Premio
Strega.' Tra le sue opere principali: *Figli Difficili, Fuochi a mare, I cieli
della sera*, e vari volumi di racconti. Di sé Prisco dice: "...insomma,
sono, o tento di essere, uno scrittore realista che, tuttavia, la lezione
del fatto insostituibile, alimenta o approfondisce, come preferite, con
l'indagine psicologica."

LA NERIS

"Adesso possiamo anche tranquillamente confessarlo" disse
a un certo punto Dario Marino: "di Neris siamo stati allora
tutti un po' innamorati." Disse anzi 'della Neris', così come
Neris era stata sempre, sin dal primo giorno in cui apparve °in
mezzo a noi, 'la Neris', e sorridemmo a quelle parole, senza
negarle, benché subito Andrea Santasilia avesse voluto quasi
giustificarci, o giustificarsi: "Be', °in fondo non avesse avuto
quel nome chissà se l'avremmo notata."

Già, il nome, quel nome curioso: Neris: che lei inalberava in
principio come un emblema o un blasone sicura della sua
singolarità. Ma non fu certo una suggestione del nome se ci
innamorammo subito di lei (Dario Marino aveva detto giusto);
e Gino Sottile, che mi sedeva accanto, disse, con quella sua
voce stridula che aveva serbata uguale dagli anni del liceo,
come se per un inceppo dell'organismo non gli fosse più riuscito di ricondurla a un registro normale, dopo le stonature
dell'adolescenza: "°A proposito, chi l'ha più rivista? °Che ne
sarà successo? Magari s'è sposata, come tutti noi: e sarà diventata una placida borghese madre di famiglia appesantita
dagli anni e dalle maternità, si sarà certamente calmata..."

Io l'avevo rivista un paio di volte, ed ero il solo, credo,
anche perché nessuno degli amici lì si era poi allontanato

among us

actually

*by the way · what could have be-
come of her?*

dalla nostra città, erano tutti restati in provincia; ma non dissi nulla: da quando s'era cominciato a parlare di Neris, della Neris, ero stato in silenzio ad ascoltare. Già non sono loquace per temperamento, e poi riunioni del genere non mi piacciono, mi procurano sempre un'irritata e sorda malinconia, e così reagivo a quella serata tacendo più di quanto non sia solito tacere. (Perché era stata una idea di Gino Sottile, al quale avevo scritto annunciando la mia venuta per un paio di giorni, per certi affari di famiglia, di riunire la vigilia della mia partenza, a "festeggiarmi" nella sua casa, un gruppetto dei vecchi compagni di scuola: ma che cosa potevamo avere adesso in comune, a parte la zavorra dei ricordi?)

Che a un certo punto °si fosse arrivati a parlare della Neris l'avevo previsto, e temuto: bisognava del resto mi conformassi °di buon grado alla litania dei ti-ricordi-di?; eppure non riuscivo a vincere, proprio adesso che si parlava di lei, una specie d'insofferenza e quasi un moto di gelosia, oh non nel senso comune del termine; era una gelosia, la mia per Neris, causata soprattutto dalla rozzezza provinciale di quei commenti, dal modo con il quale l'avevano etichettata e classificata e ne parlavano adesso, e così tacevo giusto per salvarla almeno io, col non farmene partecipe, dalla loro grossolanità. Ma fu Dario Marino a dire, e gliene fui grato: "Che significa, si sarà calmata? Povera Neris: è stato il suo destino di non essere capita. Vi ricordate le sue scene col professore di matematica?"

we would have ended up talking

willingly

Qualcuno rise. E mi pare sia stato il piccolo De Dominicis (era restato il piccolo De Dominicis) a replicare maligno: "Ma era lei che lo provocava, siamo giusti!"

Adesso la Neris era proprio in mezzo a noi: non la Neris sempre fiera e nervosa e indocile, all'apparenza, ma già con una ruga °a mezzo della fronte e qualche filo bianco a striarle i capelli—la fascia di capelli scoperta dal foulard annodato dietro la nuca—che avevo quasi per caso incontrata l'ultima volta due anni addietro a Fiumicino fra un aereo e l'altro: in mezzo a noi c'era la Neris di allora, la ragazza scattante e proterva e pure generosa ch'era venuta a frequentare dopo Natale la terza liceale in conseguenza del trasferimento di suo padre colonnello nella nostra città. Era lì in mezzo a noi e ognuno dei presenti, i suoi lontani compagni di scuola, sembrava ritrovare la violenza e la malizia che avevano accompagnato allora i nostri rapporti con lei.

in the middle of her forehead

Ne eravamo stati veramente innamorati, come aveva ammesso Dario Marino? È probabile. Ma allora nessuno avrebbe voluto confessarlo perché in lei vedemmo subito, forse fuorviati dal suo cameratismo e da una schiettezza di modi ch'era frutto d'una particolare educazione da noi scambiata per facilità, la ragazza spregiudicata con la quale tentare le nostre prime esperienze, visto che le compagne di classe arrivate con noi alla terza liceale dai banchi del primo ginnasio erano delle innocue creature senza sesso. Loro, ecco, loro sì, oggi magari erano diventate sicuramente, come aveva detto Gino Sottile, delle "placide borghesi madri di famiglia appesantite dagli anni e dalle maternità": ma la Neris? Nessuno, in coscienza, avrebbe potuto immaginare la Neris finita a quel modo: pure anch'io quando ci rivedemmo a Fiumicino, benché già la sapessi sposata le avevo osservato per prima cosa la mano sinistra magra grande un po' mascolina, per notare °se portasse la fede. Come se avessi voluto averne una conferma; o come se l'avessi dimenticato.

if she wore a wedding ring

Lei arrivava, io partivo: io movevo qualche passo fuori della sala d'attesa, lei veniva dalla pista lentamente, dietro l'uomo che portava il bagaglio: reggeva una pelliccia sul braccio e le pendevano dal polso una grossa borsa di cocodrillo marrone, la *beauty-case* e la sacchetta di plastica della compagnia aerea. Fu lei a riconoscermi e a chiamarmi: "Guido!" e io dissi dopo un attimo d'esitazione: "Neris..." e lei disse con un sorriso: "C'incontriamo proprio come in un film in technicolor: all'aereoporto, °chi va e chi viene... proprio come in uno di quei film che parlano al vostro cuore. Ne fanno ancora?"

some leave and some arrive

"È probabile" dissi (e a questo punto le sbirciai senza parere la mano nuda e vidi l'anello nuziale), "Solo che °di solito a incontrarsi così, nei film, sono i protagonisti, i due divi."

usually

"E chi ti dice che noi non lo siamo?"

"In questo caso," replicai "è °di rigore avere un passato comune e riempire l'incontro col ricordo del passato, sono le regole delle sceneggiature."

strictly necessary

"Ho capito," disse "come si dice? Una storia a *flash-back*. E sia, per quanto mi pare °fuori moda, ormai, a quel che ne so. Ma tu te n'intendi più di me: non parti subito?"

out of style

"Non subito: giusto il tempo, come vedi, per stare un poco assieme e parlare di noi."

Disse, mentre ci avviavamo al bar: "Ma non del passato, però: non del passato, per favore." E mi parve di cogliere nella sua voce un accento quasi disperato. Ma era sempre la Neris che ricordavo, sorridente e indomita, quella che poco dopo mi chiedeva, strappando l'involucro di carta dalla cannuccia: "Dove sei diretto, uomo importante?" e cominciò a sorseggiare la bibita guardandomi dall'orlo del bicchiere.

"A Francoforte, devo incontrarmi con certi produttori..."

"Io vengo da New York. Mi occupo di moda, sono anch'io una donna importante, una °donna d'affari: per lo meno, una donna che lavora." *business woman*

"Lavoriamo tutti, cara."

Depose la bibita sul tavolino, ne tolse la cannuccia e cominciò a giocarci con le dita (era nervosa?). "Volevo dire," specificò "che ho necessità di lavorare: almeno per riempire le mie giornate. Con Marcello è finito tutto."

"Sì?" dissi stupidamente.

"L'ultima volta ci siamo visti con te a Cannes in occasione d'un festival... o sbaglio? Ci rivediamo sempre in terre di nessuno."

"Be'," dissi "tutto il mondo sta diventando una °terra di nessuno." *no man's land*

Rise. Poi s'accorse d'aver spezzato la cannuccia di paglia e la buttò via e riprese a bere direttamente dal bicchiere. Ma dopo un sorso o due lo depose nuovamente sul vassoio. "Allora ero con Marcello, ma a quel che mi ricordo non mi pare che tu l'abbia conosciuto."

"No," dissi "non l'ho conosciuto."

"È finito tutto da un paio d'anni... Sai com'è, una volta ti dissi che la felicità non si racconta, si consuma senza che ce ne accorgiamo. Ed è stato proprio così: la felicità non ha messo radici, in noi, e ci siamo ritrovati faccia a faccia come due estranei. La nostra unione era diventata come quei vasi che una volta in pezzi si cerca di recuperare incollando i cocci: ma perdeva ugualmente acqua da tutte le parti..." Parlava a voce appena più bassa, e poi dovette notare la direzione del mio sguardo e agitò la mano per aria: ma sembrava cacciasse via dei fantasmi molesti. "Oh," disse "mi guardi la fede? °Mi fa comodo, portarla ancora: in un certo senso rappresenta una difesa." *it is convenient for me*

"Mi pare che tu abbia saputo sempre difenderti bene, senza ricorrere a questi trucchi."

Rise di nuovo: e le vidi agli angoli degli occhi le °zampe d'oca, una piccola raggiera di rughe. E quella leggera striatura grigia nei capelli. Così la mia simpatia si tinse d'una inaspettata tristezza. *laugh wrinkles near the eyes*

"Tu invece la fede non la porti... Non sarai di quegli uomini che se ne liberano quando sono in viaggio, voglio sperare... no, non appartieni a quel tipo, ti conosco bene."

Fu la mia volta di ridere: ma sorrisi solo. E °alzai le spalle. "No," dissi "il fatto è che non l'ho mai portata, mi dà fastidio." *I shrugged my shoulders*

"È una bella donna, tua moglie."

"Conosci Barbara?"

"Me l'hanno indicata una volta a una °sfilata di modelli: ma l'avevo già vista in fotografia, su qualche rotocalco..." E improvisamente non avemmo più nulla da dirci: o meglio tacemmo zittiti dalla voce dell'altoparlante che avvisava i viaggiatori dell'Al116 di avviarsi all'aereo, e lei disse: "È il tuo volo, no?" Annuii, e lei cominciò a raccogliere le borse e la pelliccia dalla sedia accanto. "Il tuo indirizzo è sempre quello che conservo? Sempre quello il tuo numero di telefono?"

"Sì," dissi "vuoi telefonarmi, al mio ritorno? Mi farà piacere rivederti con più calma."

Sorrideva, e scoteva il capo. "No," disse "e poi sono °sempre in giro... m'era venuta un'altra idea: di scriverti."

"Di scrivermi?"

"Sì, vorrei raccontarti un poco della mia vita, chi lo sa che non ti dia lo spunto per °girare un film. No," disse, e rideva, ma come per mostrarsi allegra, "chi lo sa quante scocciatrici ti assillano con proposte del genere."

"Tu non sei una scocciatrice."

Mi posò una mano sul braccio, leggermente. Sorrideva. "Ti ringrazio, Guido" e poi si alzò. Mi alzai con lei: "Allora, Neris, mi manderai questo soggetto?"

"Ci penserò" disse.

Ma non mi aveva mai scritto, non l'avevo più vista: e chi lo sa dov'era, adesso, e se era felice. C'era stato, in quel nostro incontro all'aeroporto, una specie di reticenza: come se insieme avessimo giocato a recitare una parte sforzandoci d'apparire allegri e disinvolti quasi per °schivare la possibilità d'un rendiconto: o come se insieme avessimo voluto nascondere la realtà dei nostri sentimenti. Ma, d'altra parte, c'era stato forse qualcosa, fra me e la Neris, nel passato?

L'anno in cui la Neris arrivò nella nostra città (si presentò in aula subito dopo le vacanze natalizie, e per i primi qiorni, non essendoci un banco libero, le dettero una seggiola e °prese posto accanto alla cattedra, fu l'anno dello sbarco americano in Sicilia, della caduta del fascismo, dell'arrivo degli alleati e, per noi, della fine della guerra: fu l'anno in cui, essendo la nostra una cittadina di mare, numerose truppe tedesche erano venute a stabilirvisi, e così la villa comunale, che si stendeva parallela alla litoranea, era stata occupata per le loro necessità e fra i palmizi e i lecci una fila di attendamenti mimetizzati gremiva i viali e i carri armati avevano ormai spianato e distrutto le aiuole un tempo fiorite (le attraversavamo per andare alla spiaggia: ma °del resto quello fu un anno senza bagni, gli stabilimenti non vennero neppure montati, e solo qualcuno di noi osò bagnarsi una volta o due, dopo gli °esami

fashion show

always on the go

make a movie

avoid the possibility of having to give an account of oneself

sat

anyway

graduation exams (college)

di maturità, dall'altra parte del litorale, nella zona di solito riservata ai traffici dei pescatori).

Fu De Dominicis a portare in classe la grossa notizia. "Sapete la novità? La Neris °va con gli uomini." *she goes out with men*

"°Ma va'!" *you don't say*

"L'ho vista io: con un ufficiale tedesco. °Si tenevano a braccetto, ridevano…" *they were walking arm in arm*

"Ma suo padre è colonnello: sarà un conoscente, un amico del padre."

"Quello? Gli potrebb'essere figlio: no, no, la Neris è una a cui piacciono gli uomini, ve lo dico io…"

E fu questa notizia—questa scoperta—che scatenò fra noi ragazzi i risentimenti e le gelosie. Poi °qualcuno accolse un paio di giorni dopo l'ingresso in aula della Neris canticchiando: 'Tutte le sere sotto quel fanal…'. Lei si girò a fulminarlo con lo sguardo: ma non fece in tempo a reprimere il rossore che le imporporava le guance. E così fu bollata per sempre: più che le parole di De Dominicis l'aveva ormai condannata quello scatto, quella vampata (lei che non arrossiva neppure col professore di matematica quando °faceva il galante alla presenza di tutti). E fu ancora De Dominicis che °un paio di settimane dopo ci annunziò: "Oggi ho appuntamento con la Neris." *someone greeted… Neris's entrance into the classroom* *tried to be galant* *a couple of weeks*

"Tu?"

"Io. Le ho detto se mi prestava le tavole dei logaritmi, vado a prendermele oggi a casa sua…" e °strizzò un occhio. "Dove mi aspettate, dopo? Vi racconterò la mia conquista." *winked*

Non ebbe molto da raccontare: noi eravamo impazienti, agitati, nervosi, ogni minuto di ritardo diventava una spina che ci si conficcava in cuore °a nostra insaputa: ma lui tornò scuro e inferocito. "°A momenti mi cacciava via a schiaffi… è perché ha voluto vendicarsi della faccenda di °Lilì Marlen… °ha mangiato la foglia, che sono stato io a spargere la notizia del tenente tedesco… altrimenti mi andava meglio: °figuratevi, mi ha ricevuto con una gonna e una blusetta aperta… e non portava il reggipetto…" *without our knowledge* *she almost kicked me out* *(German song)* *she caught on* *imagine*

Povero De Dominicis! A distanza d'anni °quello smacco ancora gli cuoceva: era il più accanito a ripescare nella memoria episodi e voci e ricordi che potessero mettere in cattiva luce la Neris. E così a un certo punto disse: "Ma vi ricordate la faccenda del bando? Subito dopo l'armistizio: quando stavamo tutti nascosti in campagna per non farci acchiappare e deportare…" *that affront still burned him up*

"Ah no" scattò subito Dario Marino. "Se non fosse stato per lei…"

"Per lei cosa? Una riprova che °se la faceva con quelli!" *she was carrying on with them*

Michele Prisco nel suo studio di Milano (1981).

in spite of myself

he always had a weak spot

he was killed

"Ma chi andò di casa in casa ad avvertire le nostre famiglie, per farci nascondere? E dopo, bella gratitudine!..."

"Vi prego," dissi °mio malgrado "perché rivangate queste cose?"

Qualcuno rise. "Ah, Guido °ha avuto sempre un debole, per lei. Ma di' la vertià, tu che giri mezzo mondo e sei un uomo celebre... non l'hai mai più rivista? Magari ci sei stato a letto e ora vuoi nasconderlo. Certo lei era il tipo ideale per fare l'attrice, la diva."

"Con quelle gambe: una gazzella, pareva, come diceva il professore di matematica."

"Povero professore Porta! Da lui però non andò, per avvisarlo: lui fu uno dei primi a essere prelevato dai tedeschi..."

"Ma no: si presentò spontaneamente, appena affissero il bando..."

"E °ci ha lasciato la pelle. È stata lei a vendicarsi."

"No," disse Dario Marino "potete dire tutto quello che volete, della Neris, ma non era vendicativa. Era una creatura generosa."

De Dominicis sogghignò. "Anche troppo" e io replicai, di nuovo mio malgrado: "Proprio tu non puoi dirlo" e gli altri risero. "A proposito, e te le prestò, poi, le tavole dei logaritmi?"

Dario Marino era il solo, fra noi, che non fosse invecchiato, in questi anni: per lo meno, non sembrava invecchiato. Allora, era il classico bel ragazzo che faceva sospirare tutte le compagne di classe, e adesso aveva una più virile e trasognata dolcezza °nello sguardo restato fanciullo. Disse, a un certo punto, ma pacatamente: "Certo che mi piacerebbe rivederla, la Neris: io ne serbo un buon ricordo…" e dovetti frenarmi per non dirgli, alla presenza degli altri, ch'io l'avevo rivista, al contrario.

in his still youthful expression

"Tu, già" disse Gino Sottile. "Tu almeno puoi raccontarci dei fatti concreti, di lei. °È vero che filavate? Un giorno vi videro che vi baciavate, dietro il ponte della ferrovia."

is it true that you were going to-gether?

Dario Marino sorrise. Aspettai che parlasse avvertendo uno stupido batticuore. "°Ragazzate," disse "a ricordarle adesso fanno più malinconia che piacere."

boyish pranks

"Però °le volevi bene."

you loved her

"Tutti, gliene abbiamo voluto: l'ho detto, no?"

"Certo ch'era un tipo! Vi ricordate quel suo modo di girare di scatto la testa?"

Era un modo caratteristico, della Neris: un gesto che le era restato, probabilmente, dal tempo in cui portava la treccia: così sembrava, con quello scatto improvviso simile a un'impennata, °aver l'aria di gettar dietro le spalle una treccia invisibile che le ricadesse sul volto infastidendola o solleticandola. E così l'avevo riconosciuta, a Cannes, attraverso quel gesto: che °d'un tratto annullava dentro di me un cumulo d'anni e mi riportava alla stolida e beata stagione della terza liceale. E allora l'avevo chiamata, o meglio avevo pronunziato il suo nome, fermandomi: "Neris."

give the impression

suddenly

Sedeva al bar del Carlton, stringeva un bicchiere nelle dita. Si voltò è mi vide e mi riconobbe subito. "Guido! Lo sapevo che ci saremmo incontrati. Domani danno il tuo film, è vero? Che bella sorpresa, vederti!"

Io la fissavo un poco emozionato. "Neris! Tu qui a Cannes, non l'avrei mai supposto… rivederti dopo tanto tempo…"

"Stiamo a Vence. Marcello sta combinando una mostra con quelli della °Colombe d'Or… ma ho letto del tuo film e sono scappata qui, ero certa d'incontrarti… Marcello è mio marito: domani sera te lo presento, verremo ad applaudirti…"

(famous inn in Vence)

"Oh," dissi "sai, sono così contento di rivederti che anche l'esito del mio film °passa in seconda linea…"

takes second place

Mi guardò: e poi disse: "Sempre gentile, il vecchio Guido." Le ridevano gli occhi. "Oppure dovrei dire: sempre un poco mistificatore, il vecchio Guido?"

"Il termine è più di moda: ad ogni modo scegli quello che più ti fa piacere. Un Haig anche a me."

Toccò col suo il mio bicchiere, leggermente. "Allora non al tuo successo di domani, quello è scontato. Al vecchio amico ritrovato. Lo sai che non sei per nulla cambiato?"

in view of the fact

"Ed io lo sai da che t'ho riconosciuta? °Visto che mi voltavi le spalle. Dal tuo modo di drizzare la testa."

Rise compiaciuta. "Te ne ricordi?"

"Ricordo tutto, di quegli anni." E mi parve che un ombra le passasse negli occhi. "Quegli anni" ripeté, come un'eco più flebile.

"E sei diventata più bella: se una come te può diventare più bella."

Rise, come per dissipare quell'ombra. "Oh," disse "sei anche galante: questa è una novità. Bada che Marcello è geloso, ti avverto."

"E sei felice, si vede."

Agitò una mano per aria, con un lampo duro e breve del grosso smeraldo. "Oh," esclamò "dovrei raccontarti tante cose, ma la felicità è così difficile da raccontare... ora capisco perché voi fate sempre film con storie tristi..."

"Ti sembra che anch'io faccia film con storie tristi?"

Si avvicinò un cameriere a cercarmi: mi volevano al telefono, una chiamata da Roma, dalla produzione. "Aspettami," dissi "mi sbrigo subito." Ma al ritorno non c'era. Il barman mi consegnò un foglietto: aveva scritto in fretta (non ricordavo la sua scrittura: non era, communque, una scrittura da terza

I was a little hurt

liceale): ci vedremo domani sera, alla proiezione. °Ci restai un po' male: come se fosse fuggita apposta: da me o da quegli anni?, e per quale ragione?

Il mio film andò bene. Io speravo nella 'Palma d'oro', tutti i

the prize went to

pronostici erano per me, e invece °il premio toccò a una pellicola greca, d'uno sconosciuto, e così ripartii prima ancora dell'annunzio ufficiale della serata di chiusura, e non vidi più la Neris. Non l'avevo vista neppure la sera della proiezione del mio film: era venuta veramente? In quel momento,

with the lights turned on again

confesso, °a luci riaccese, fra gli applausi e l'euforia del successo, mi dimenticai della Neris: più esattamente, non la cercai, ero attorniato da un mucchio di gente. E se c'era, lei, non si avvicinò: come per lasciarmi agli altri, dal momento che non era l'uomo pubblico quello che desiderava avere vicino. Ma perché il giorno prima, al bar dell'albergo, aveva profittato di quella mia telefonata per eclissarsi, dopo che era venuta apposta da Vence, per incontrarmi e vedermi? Ecco, potevo rintracciarla io a Vence, se era ancora lì col marito: ma ignoravo il cognome del marito, dopo seppi ch'era il famoso mercante d'arte Marcello Santi: allora, col malumore della

I only thought of · I was driving jerkily

sconfitta, °badai solo a rifare la valigie e partire, °guidavo a strappi, nervoso, veloce come per mettere quanti più chilometri potevo dietro le mie spalle. O per fuggire, inconsapevolmente, anche da lei? Ma perché dovevamo fuggirci?

°La strada si snodava a curve fra le rocce e il mare: c'erano villini illuminati, pezzi calcinati di muro ricoperti dalle cascate cupe della buganvilla, e un odore di caprifoglio, o di gelsomini, e, a intervalli, un latrato aspro da un canile, e mi pareva di lasciarmi dietro un mondo falso artificiale nel quale per un istante, risentito, includevo anche l'immagine serena della Neris com'era apparsa appollaiata sul trespolo d'acciaio del bar del Carlton. *the road unwound itself*

"Ehi," disse Gino Sottile "sto parlando a te: a che pensi, mi senti?"

Il piccolo De Dominicis rise. "Lascialo stare: sprofonda nei ricordi. °Parola che siamo proprio invecchiati, e invecchiati male." *my word, we have really grown older*

"Parla per te," si ribellò Andrea Santasilia "io non accetto di sentirmi invecchiato: e per che cosa, poi? Per il ricordo d'una compagna di scuola."

"Certo fosse qui, la Neris, potremmo tutti mostrarle che siamo ancora °gente in gamba. °Da quel lato lì non mi sento affatto invecchiato." *people in top shape · in that regard*

"Basta," dissi "non avete argomenti più interessanti?"

Dario Marino mi guardava in silenzio e il suo silenzio m'impacciava: ma a un certo punto ci sorridemmo: come se passasse un'intesa, fra noi. Poi disse, sfiorandomi mentre andava a versarsi altro whisky: "Dopo ti accompagno in albergo." Allora mi finsi subito stanco: più che per congedarmi, per ritrovarmi solo con lui. E per parlare di Neris, della Neris: non era per questo che voleva star solo con me?

Invece, in macchina, restammo in silenzio. La città era vuota, le strade parevano più larghe eppure mi davano, al tempo stesso, la sensazione d'essersi rimpicciolite: come se io fossi cresciuto, nel frattempo. Il fatto è che me n'ero solo staccato.

Disegno di Ferenc Pinter per *La Neris* di Michele Prisco.

Dario non mi condusse subito, all'albergo. Attraversammo quasi tutta la città (c'erano strade nuove, interi quartieri che non conoscevo), passammo per il liceo Gianbattista Vico, sotto il ponte della ferrovia, raggiungemmo la litoranea: nei viali deserti della °villa comunale un leggero vento schiomava le aiuole, i palmizi agitavano le braccia squamose, un grosso albero di pepe (o era un salice?) mandava un profumo struggente, pungente. Senza volerlo avevamo ripercorso l'itinerario che più era legato al ricordo della Neris, a quella nostra lontana stagione adolescenziale che questa sera, in casa di Sottile, c'era venuta incontro con tutta la sua patetica goffaggine. Ma restammo sempre in silenzio a fumare. Chi doveva cominciare a parlare per il primo, di noi due? Arrivammo all'albergo senza aver mai nominato la Neris, senza avere *municipal gardens* neppure scambiato una parola, fra noi: ma in un certo senso era come se avessimo parlato, come se ci fossimo confessati, al buio. E così lui poté dire, un po' commosso, congedandosi davanti all'ingresso del Jolly: "Quando la rivedrai portale i miei saluti."

Ma chi lo sa se avrei rivisto ancora la Neris, e quando.

Conversazione

A.

1. Chi è Neris?
2. Perché tace Guido?
3. Come mai Guido si trova fra i vecchi compagni di scuola e di che cosa stanno parlando?
4. Quali impressioni riportano i vari amici di Neris?
5. Come era apparsa Neris a Guido quando egli l'aveva incontrata all'aereoporto?
6. Come era stata giudicata la raffinata Neris dai ragazzi di provincia?
7. In confronto a Neris come erano diventate le altre ragazze provinciali del terzo liceo?
8. Di che cosa parlano Guido e Neris durante il loro incontro all'aereoporto?
9. A quali diverse professioni si dedicano Guido e Neris?
10. Come definisce Neris la felicità, parlando dell'ex-marito?
11. A che cosa paragona Neris la sua unione col marito, e perché?
12. Nel parlare con Neris, perché Guido prova un'inaspettata tristezza?

B.

1. Quali contrasti di emozioni provoca Neris in ciascuno degli amici di Guido?
2. Perché Neris porta la fede al dito e Guido non la porta?
3. Chi è Barbara e dove l'ha conosciuta Neris?
4. Quali avvenimenti storici erano in corso quando Neris arrivò nella cittadina di provincia e s'iscrisse al terzo liceo?
5. Cosa avvenne quell'estate durante la stagione balneare e perché?
6. Che cosa raccontò De Dominicis a Neris e come la imbarazzò?
7. Come riuscì l'appuntamento di De Dominicis in casa di Neris?
8. Che cosa fece Neris durante la guerra per aiutare gli amici?
9. Quali malignità sparsero alcuni dei ragazzi nei suoi riguardi?
10. Cosa avvenne tra Dario Marino e Neris e quali sentimenti gli causano quei ricordi?

C.

1. Guido come riconosce Neris a Cannes e cosa gli ricorda il particolare gesto della giovane donna?
2. Come mai si trovano ambedue a Cannes?

3. Quale concetto esprime Neris sulla felicità?
4. Da quali sentimenti era stato pervaso Guido quando si accorse che Neris era fuggita?
5. Cosa avvenne alla proiezione del film di Guido e perché egli partì subito?
6. Che sentimenti ha per Neris Dario Marino?
7. Perché in macchina, Guido e Dario Marino tacciono?
8. Per quale ragione l'autore usa la tecnica 'flashback' nel corso del suo racconto?
9. Che effetti raggiunge l'autore con il 'flashback'?
10. Parafrasare la scena preferita del racconto, cambiando la prima persona usata dall'autore in terza persona.
11. Quale reazione suscita il finale del racconto?
12. Al posto dello scrittore avremmo dato un altro finale al racconto, e quale?

Dialogo

Volgere in dialogo le seguenti scene:

1. l'incontro di Guido con i vecchi compagni di scuola, rievocando Neris
2. la scena all'aeroporto di Fiumicino tra Guido e Neris
3. la scena della calunnia di De Dominicis nei confronti di Neris
4. la scena tra De Dominicis e Neris
5. la conversazione dei ragazzi che rievocano quel che fece Neris durante la guerra
6. l'incontro di Guido con Neris al Festival di Cannes
7. il congedo di Guido e di Dario Marino dagli amici

Esercizi tematici

A. *Trattare i seguenti argomenti oralmente o per iscritto:*

1. l'enigmatico carattere di Neris
2. l'atteggiamento degli studenti rispetto a Neris
3. i sentimenti che l'autore nutre per Neris
4. l'apparente superficialità dei loro incontri

B. *Intervistare in qualità di giornalista i personaggi principali di questo racconto indagando le ragioni psicologiche del loro comportamento. Gli interpreti dei personaggi dovranno immedesimarsi nei loro ruoli e rispondere alle domande del giornalista.*

PERSONAGGI PRINCIPALI

Neris
Lo Scrittore
Dario Marino
De Dominicis
_____
Il Giornalista

C. *Discutere il racconto, sviluppando i seguenti aspetti:*

1. ambiente
2. descrizione dei personaggi
3. rapporti fra i personaggi
4. reazioni del lettore al racconto

D. *Scrivere un componimento sull'elemento nostalgico dei ricordi dell'autore.*

E. *Sviluppare i seguenti punti inerenti al racconto in maniera affermativa o negativa:*

1. Sarebbe stato preferibile che De Dominicis non fosse andato da Neris?
2. Sarebbe stato logico che Neris e l'Autore si fossero infine sposati?
3. Sarebbe stato consigliabile che l'Autore avesse cercato di evitare qualsiasi incontro con Neris?

Esercizi di lessico

A. *Comporre una frase per ogni espressione idiomatica qui sotto elencata:*

1. girare un film
2. si tenevano a braccetto
3. mi fa comodo
4. mi strizzò un occhio
5. ha mangiato la foglia
6. ci ha lasciato la pelle
7. le volevi bene
8. di buon grado
9. prese posto
10. si sbrigò subito
11. porta la fede
12. un paio di settimane

B. *Accoppiare i sostantivi della prima colonna con i verbi appropriati della seconda e formare delle frasi usando per i verbi dei tempi a piacere:*

la cannuccia	allungarsi
i ricordi	tentare di parlare
l'ombra	reggere
la spiaggia	diventare
l'aula	recitare
un gruppetto	togliere
l'ufficiale	ritornare alla mente
la pelliccia	dirigere
l'anello nuziale	spezzare
il protagonista	salutare
il viale	essere gremita
il regista	riportare

C. *Accoppiare i sinonimi qui sotto elencati:*

scuotere	la via
veloce	la strada

scappare	celebrare
agitare	fuggire
la seggiola	festeggiare
vecchio stile	lo sposo
silenziosamente	il marito
la tristezza	pacatamente
fuori moda	la malinconia
rapido	il fanale
la diva	il lampione
la sedia	la stella del cinema

Esercizi di grammatica

A. *Mettere i verbi delle seguenti frasi al futuro, al condizionale, all'imperfetto, al passato prossimo, al passato remoto e al trapassato prossimo (v. MGI pp. 76, 142, 91, 95, 116, 91):*

1. Lei arriva, io parto; io muovo qualche passo fuori della sala d'aspetto, lei viene dalla pista lentamente, dietro l'uomo che porta il bagaglio.
2. Depone la bibita sul tavolino, ne toglie la cannuccia, e comincia a giocarci con le dita.
3. In macchina restiamo in silenzio; la città è vuota, le strade appaiono più larghe eppure mi danno, allo stesso tempo, la sensazione d'essersi rimpicciolite.

B. *Formare delle brevi frasi con i seguenti verbi, alternando i tempi:*

ESEMPIO: diventare

pres.	Io *divento* più irascibile con gli anni.
imperf.	Tu *diventavi* sempre più impaziente.
pass. rem.	Quell'anno lui *diventò* produttore.
fut.	Domani *diventeremo* ricchi.
cond. pres.	Voi *diventereste* più cattivi.
pass. pross.	Recentemente gli amici *sono diventati* più generosi.
trap. pross.	Io *ero diventata* la più brava della classe.
cond. pass.	Tu *saresti diventato* un eroe.
cong. pres.	L'attrice è contenta che egli *diventi* regista.
cong. imp.	Mario desiderava che noi *diventassimo* attori.

VERBI

1. confessare
2. osservare
3. commuoversi
4. avvertire
5. applaudire
6. condurre

C. *Mettere i verbi delle seguenti frasi al congiuntivo presente e passato (v. MGI pp. 148 e seg.) anteponendo l'espressione* Non è necessario che noi:

    1. scrivere un romanzo
    2. produrre un film
    3. fuggire da casa
    4. ignorare la verità
    5. rievocare il passato
    6. fare una fotografia

D. *Mettere i verbi delle frasi dell'esercizio C al congiuntivo imperfetto e trapassato (v. MGI pp. 148 e seg.) anteponendo l'espressione* Non era necessario che voi.

E. *Formare delle frasi con le seguenti espressioni avverbiali usando al congiuntivo (v. MGI pp. 148 e seg.) i verbi indicati:*

1. prima che	1. rintracciare
2. dopo che	2. toccare
3. finché	3. consegnare
4. benché	4. ricordare
5. senza che	5. stringere
6. nonostante che	6. riconoscere
7. purché	7. dire
8. come se	8. rimpiangere

Natalia Ginzburg

NATALIA GINZBURG (1916-), nata a Palermo, è considerata la più nota scrittrice contemporanea italiana. Ha trascorso la giovinezza a Torino nei più colti circoli letterari. Durante la seconda guerra mondiale, nell'era del fascismo, seguì il marito, Leone Ginzburg, al confino. Dopo la sua morte, sposò Gabriele Baldini, professore di letteratura inglese. Le opere più conosciute di Natalia Ginzburg sono: *Lessico famigliare, La strada che va in città, Mai devi domandarmi, È stato così, Cinque romanzi brevi, Valentino, Le piccole virtù, Tutti i nostri ieri, Sagittario,* e *Le voci della sera.* Si distinguono soprattutto per uno stile netto, diretto e quasi autobiografico. Ha scritto racconti, saggi filosofici e opere teatrali, quali: *Ti ho sposato per allegria, La segretaria, L'inserzione,* e °*Paese di mare.* Il suo racconto °*Casa al mare* è un'opera giovanile,   *town by the sea · beach house* tipica del suo stile diaristico. Natalia Ginzburg è stata onorata col noto 'Premio Strega' nel 1963 per *Lessico famigliare*, una ricostruzione affettuosa della sua °adolescenza torinese.   *adolescence spent in Torino*

CASA AL MARE

Da molti anni non vedevo il mio amico Walter. Qualche volta lui mi scriveva, ma le sue lettere puerili e sgrammaticate non dicevano niente. Alla notizia che si era sposato mi meravigliai. Quando lo frequentavo, egli non mostrava interesse per nessuna delle donne che allora ci accadeva d'avvicinare. La sua singolare bellezza suscitava l'amore in molte donne, ma egli disprezzava e scherniva crudelmente le ragazze che si erano innamorate di lui. Gli altri giovani nostri coetanei gli mostravano poca simpatia, ed io ero il suo solo amico.

Cinque anni circa dopo il suo matrimonio ricevetti una lettera di lui che mi chiedeva di venirlo a raggiungere in una città balneare, °dove egli ora si trovava con la moglie e il   *where he was now* bambino. Accennava in forma vaga a una difficoltà per cui gli era necessario il mio consiglio.

Io vivevo allora con mia madre. Avevo un piccolo impiego °che mi fruttava poco guadagno e per partire chiesi del denaro   *which earned me* a mia madre. Ella mi accusò di sperpero e di poco riguardo per lei e ci fu un leggero litigio. °Ebbi in prestito il denaro da   *I received the money as a loan* uno zio e partii. Era una giornata calda °sul principio d'estate.   *at the beginning of summer* In viaggio pensavo all'amico Walter e nella mia gioia di rivederlo c'era un turbamento vago, come un po' di paura e d'angustia, °che avevo sempre provato in quegli anni nel ricordarlo. Era forse timore che egli potesse in qualche modo sconvolgere e spezzare la vita °che m'ero venuto formando, infiammandola di desideri e di nostalgie. Pensavo anche a sua moglie con curiosità. Non sapevo immaginare come potesse essere, né quali fossero i loro rapporti.

Giunsi a mezzogiorno e scesi in una stazione calda, °riverniciata di fresco e deserta. Walter mi aspettava addosso al muro, con le mani in tasca. Non era per nulla mutato. Portava un paio di pantaloni di tela e una canottiera bianca, con le maniche corte ed aperta sul collo. Sul suo viso grande, dorato dal sole, apparve un sorriso, ed °egli mi venne incontro indolente e mi porse la mano. Io sapevo che mi avrebbe accolto così, che non avrebbe avuto esclamazioni di sorpresa e che non ci saremmo abbracciati: tuttavia ne ebbi un senso di freddo. Per strada, mentre mi portava la valigia facendosela dondolare lungo il fianco, °presi a interrogarlo sulla natura della difficoltà in cui si trovava, ed egli mi disse, senza guardarmi e °con la sua voce breve, che erano preoccupazioni d'indole famigliare e che era stata Vilma, sua moglie, °a volere che mi facesse venire.

Incontrammo Vilma °che tornava dal bagno col bambino. Vidi una donna alta, un po' grossa, coi capelli neri ancor umidi e delle tracce di sabbia sul viso. Portava un °abito da sole a quadretti che le lasciava le ginocchia scoperte, e aveva in mano un cappello di paglia intrecciata e una borsa di tela cerata rossa. Il bambino mi parve piccolissimo, ma dissero che aveva quattro anni. Era un bimbetto magrolino, pallido, bello, con folti riccioli biondi che gli arrivavano alle spalle.

Abitavano un °villino a due piani, davanti alla spiaggia. Mi era stata preparata una stanza °al piano superiore, °che dava non sul mare, ma sulla campagna. In tutta la casa c'era penombra e un buon odore fresco di legno e di pesche gialle. Si pranzava nella veranda: le tende di grossa tela color ruggine, mosse dal vento, si scostavano e lasciavano vedere il mare d'un azzurro splendente, il cielo e la spiaggia coi capanni dipinti a colori vivaci. Durante il pranzo, il bambino non voleva mangiare e la madre lo incitava con voce stanca, imboccandolo. Walter taceva e spezzettava del pane, °guardando fisso davanti a sé. Poi °a un tratto s'arrabbiava e diceva che il cibo era malcotto e cattivo e che se fosse stato migliore, certo anche il bambino avrebbe mangiato. Vilma non rispondeva, ma sospirava ed abbassava il capo. Il bambino volgeva dall'uno all'altra gli occhi spaventati.

Margin glosses (left column):
- which I had always felt
- that I had been shaping for myself
- just repainted
- he came toward me
- I started to question him
- in his laconic style
- to make him send for me
- who was returning from the beach
- checkered sun dress
- a small two-story villa
- on the top floor · which did not face the sea
- staring
- suddenly

"Scenette famigliari," mi disse Walter quando fummo soli, "se non c'è più l'accordo, basta qualunque pretesto. Adesso poi ci sono cose più gravi. Pare che lei si sia innamorata." Domandai di chi, ed egli mi rispose vagamente che era un artista. "Un musico," disse con uno sgradevole sorriso beffardo.

Subito il primo giorno del mio arrivo, Vilma mi volle parlare. Fu la sera, un momento che Walter era uscito. Mi sedette davanti e con uno sforzo di risoluta franchezza che mi fece un'impressione penosa, °prese a dire di sé e di Walter. *she started speaking of herself* Aveva molto sofferto in quegli anni: conoscevo Walter e questo non mi doveva stupire. Quando si era sposata, disse, era ancora molto giovane ed inesperta. Guardandola io cercavo di stabilire quanti anni avesse, ma non mi pareva che potesse essere molto giovane e °l'avrei detta anzi più vecchia *I would have said her to be* di Walter. Aveva i capelli neri arruffati e gli occhi stretti, di un colore azzurro scuro e profondi. Nonostante il suo naso lungo e la carnagione sciupata, mi sembrava assai bella. "E ora ho ritrovato qui un vecchio amico… Vrasti. È un'anima elevata e nobile, e il suo primo impulso è stato di aiutarmi e di °farmi *do something good for me* del bene. Ma i miei sentimenti per lui sono puri, e °in nulla *in no way* possono offendere il mio bambino e Walter." Ella mi parlava con abbandono e fiducia, ma questo, invece di piacermi e d'ispirarmi la stessa fiducia, m'imbarazzava e mi riusciva penoso. La situazione era complicata, ella disse, da insufficienza di mezzi e dalla salute gracile del bambino, al quale sarebbe stato necessario un clima famigliare molto tranquillo.

Conobbi poi anche Vrasti. Seppi che aveva abitudine di venire ogni giorno, ma era di una timidezza quasi morbosa, e °saputo che c'ero io, sul principio non osava. Era un uomo *having found out that I was there* °sulla cinquantina, con lunghi e molli capelli striati di grigio *about fifty* ed occhi chiari in un volto rugoso e scarno. Parlava poco: sedeva accanto a Vilma e la guardava cucire, trastullandosi con le frange della sua sciarpa. Cercava di attirare a sé il bambino che gli sfuggiva, lo tratteneva per il polso e gli accarezzava il capo con la mano grossa, °dalle unghie rotte e sciu- *with broken and ruined nails* pate.

"Un artista, un vero artista," mi disse Vilma °in disparte, *on the side* quando Vrasti venne la prima volta. "Ma è difficile indurlo a suonare."

Pregai Vrasti di suonare ed egli disse no, no, ma si vedeva che ne aveva un gran desiderio. Finalmente sedette al pianoforte e suonò, a lungo e in un modo scolaresco e noioso, Mozart e Schumann.

Spesso Vilma lo invitava a °fermarsi a cena ed egli rispon- *remain for dinner*

deva di no, che non era possibile, ma era chiaro che aveva una gran voglia di accettare e temeva che ella non insistesse più e dover andar via. A tavola maneggiava le posate senza destrezza e beveva moltissimo, °di continuo si versava del vino. Dopo aver bevuto balbettava frasi sconnesse ed °era preso da un tremito. Walter distoglieva il viso da lui con un'espressione di disgusto. Accanto alla moglie, a Vrasti e al bambino, egli mi appariva stranamente giovane e sano. La sua alta statura, le larghe spalle e le solide braccia nude, l'indolente serenità del suo corpo, riempivano tutta la stanza. Vrasti gli stava accanto con timidezza e con un sorriso colpevole, osando appena parlargli direttamente. A me invece dimostrò subito familiarità e simpatia.

continuously

he would start to tremble

Io ero là da diversi giorni, mi sentivo molto a mio agio e °la mia salute ne godeva. Il pensiero di dovermene andare mi rattristava. Scrissi a mio zio per avere altro denaro e ricevetti una somma, un po' minore di quella che avevo chiesto, e accompagnata da una lettera d'ammonimento. Mia madre pure mi scriveva lagnandosi della mia assenza, della solitudine in cui la lasciavo e del mio lavoro interrotto. °Il ricordo del lavoro, della città, di mia madre, mi riusciva spiacevole e lo evitavo. Mi sembrava d'esser là da un tempo indeterminato, lunghissimo. Gli altri non accennavano mai alla mia partenza e neppure parevano rammentare che mi avevano chiamato per un consiglio. Non davo alcun consiglio e nessuno me ne chiedeva. Avevo compreso che l'amore di Vilma per Vrasti non era sincero, ma una semplice opera della sua fantasia. Ella si aggrappava al solo essere che le pareva potesse salvarla, ma forse sentiva dentro di sé come questo era artificioso e non vero, e soffriva di più.

my health profited by it

the thought of my job

Quando ricevetti il denaro dello zio, ne offersi una gran parte a Walter ed egli accettò. Vilma quando lo seppe mi ringraziò con le lagrime agli occhi. Disse che mi ero mostrato un vero amico per loro. "Non lo dimenticherò mai," disse.

Mi alzavo molto presto alla mattina e mi affacciavo alla finestra: vedevo l'orto con la verde insalata rugiadosa e i fiori rossi e gialli, la vasta distesa dei campi e i monti lontani velati d'un leggero vapore. Scendevo. La spiaggia era ancora quasi deserta e la rena, non ancora toccata dal sole, era umida e fredda. Vedevo Walter—egli si alzava ancor prima di me— uscire dall'acqua e °venirmi incontro camminando col suo passo molle e leggero. Per costume non aveva che un paio di strette mutandine di maglia e da lontano sembrava nudo. Si sdraiava accanto a me col forte corpo bagnato e si passava la mano sui capelli biondi. Un'americana °di grande famiglia che

come towards me

of a distinguished family

aveva il capanno poco lontano dal nostro s'era innamorata di lui, e se lo vedeva solo s'avvicinava e gli voleva parlare. Egli le rispondeva in modo poco gentile e se ne andava. L'aveva soprannominata 'il pappagallo'. Dava soprannomi a tutti, e Vrasti era per lui ora 'il vecchio pulcinella' ora 'il dottor Tartaglia'. Diceva quei soprannomi al bambino e lo faceva ridere.

Vilma e il bambino venivano sulla spiaggia molto tardi. Walter prendeva il bambino °in collo e lo portava nell'acqua, facendolo ridere e gridare di paura. Il piccolo aveva per lui un amore frenetico e vedevo che Vilma ne era gelosa. *on his shoulders*

Ben presto m'accorsi che accadeva a Vilma °qualcosa di strano. Ella ora invitava meno spesso il musico a cena, e, °in genere, mi parve che vederlo o non vederlo le fosse divenuto indifferente. Anche Vrasti °finì per rendersene conto, e sentivo che si tormentava e soffriva. Ella non lo pregava più di suonare e non lo tratteneva dal bere. Una volta che in presenza di lei Walter parlando di Vrasti disse: 'Il dottor Tartaglia', ella rise. *something strange* / *generally speaking* / *he finally realized*

Il suo desiderio di piacermi lo sentivo in ogni suo gesto, in ogni parola. Se camminava per la casa riordinando gli oggetti o rincorreva il bambino sulla spiaggia o si sdraiava, io sentivo che faceva questo non per Vrasti, ma per me.

Avrei dovuto partire subito. Ma non ne fui capace. Sul principio mi dissi che non c'era nulla di vero. Finsi con me stesso di credere d'aver dato importanza a cose che non ne avevano alcuna. Nondimeno evitavo di rimaner solo con lei. Passavo la maggior parte del giorno a vagabondare per la campagna con Walter.

Nelle nostre interminabili passeggiate egli stava quasi sempre in silenzio. Guardavamo il tramonto sdraiati su una roccia che °scendeva a picco sul mare, in una vegetazione selvaggia di fichidindia e di palme. Che cosa fossero stati per Walter quegli anni in cui eravamo stati lontani, che cosa avesse fatto, creduto, sperato, io lo ignoravo, ma sapevo che ogni domanda sarebbe stata inutile. Lui stesso °non mi rivolgeva alcuna domanda, e sapevo che non avrebbe preso alcun interesse a quello che di me gli avrei potuto dire. Tale mancanza d'interesse che in un altro m'avrebbe avvilito, in lui mi appariva °del tutto naturale, ovvia, e non mi faceva soffrire. Capivo, °meglio di quanto non avessi fatto in passato, che egli era diverso °ed avulso dagli altri esseri umani, e per questo ogni suo rapporto con gli altri prendeva una forma strana, inesplicabile ed offensiva per tutti ma non per me. Era come una grande pianta isolata. Il vento che soffia nelle sue fronde e la terra che nutre le sue radici fanno parte della sua vita, non *dropped sharply* / *he didn't ask me any questions* / *entirely* / *better than I ever did in the past* / *and apart*

altro. Così io sentivo che le gioie e i dolori di Walter non gli venivano dai suoi simili, ma da cause incomprensibili e sconosciute a noi, come la terra o il vento.

A volte mi parlava del suo bambino e mi parve °che gli *that he loved him* volesse bene. Diceva che Vilma non era fatta per °tirar su un *to raise* bambino. Ella lo alzava tardi, non gli permetteva di stare troppo a lungo nell'acqua né di giocare al sole con la testa scoperta. "E poi, come lo veste e come gli fa crescere i riccioli. Sembra il figlio di un'attrice."

Finalmente decisi di partire e lo dissi. Walter non espresse né meraviglia né rammarico. Ma Vilma mi guardò con un viso *seldom* così disperato, che ne ebbi una scossa dentro. °Di rado m'era accaduto di essere oggetto dell'amore di una donna. E sentii che questo mi dava un certo oscuro piacere. Ma subito ebbi vergogna di me stesso. Ero venuto là per chiarire le cose e rendermi utile in qualche modo, non avevo chiarito nulla e anzi avevo complicato e forse rovinato irreparabilmente la *I started to pack my suitcase* situazione. Salii nella mia camera e °cominciai a fare la valigia. Era notte: sarei partito la mattina dopo. Walter era già andato a dormire.

a little later °Di lì a poco sentii bussare leggermente alla porta e Vilma *if I needed her help* entrò. Disse che era venuta a vedere °se avevo bisogno che m'aiutasse. Avevo già finito, non era che una piccola valigia, *she kept looking at me* le risposi. Sedette sul letto, e °mi stava a guardare mentre *suddenly · she started quietly to* riponevo i pochi oggetti e i libri. °D'un tratto °si mise quieta *cry* quieta a piangere. Mi avvicinai e le presi le mani. "No, perché? Vilma, perché?" le dicevo. Ella posò la testa sulla mia *she drew close to me* spalla, °si strinse a me e mi baciò. Anch'io la baciai. Non potevo reagire. Mi pareva di amare quella donna come lei mi amava, e coprivo di baci appassionati il suo corpo.

the next morning · it was an effort °L'indomani mattina svegliandomi ero così fiacco che °durai *for me to get up* fatica ad alzarmi. Sentivo pena e disgusto. Macchinalmente mi vestii e scesi ad incontrare Walter sulla spiaggia. Non potevo partire senza dirgli quello che era avvenuto. Non mi chiedevo se parlare fosse bene o male, sapevo soltanto che non potevo partire senza aver parlato. Lo vidi sdraiato sulla rena con le braccia incrociate sotto la nuca. Nella notte c'era stato un gran vento e il mare era agitato, con grandi onde *broke one on top of the other on the* schiumose che °s'accavallavano a riva.

shore · we started to walk Quando mi vide s'alzò. "Sei pallido," mi disse. °Prendemmo a camminare lungo la spiaggia. Il dolore e la vergogna *why are you silent* m'impedivano di parlare. "°Perché stai zitto? Be', lo so, hai passato la notte con lei," egli disse. Mi fermai e ci guardammo in viso. "Sì, me l'ha detto. È di quelli che hanno la smania della sincerità. Non può vivere senza la sincerità. Ma non devi pensar male di lei. È una disgraziata e nient'altro. Non sa più neanche lei quello che vuole. E così adesso hai visto anche tu come siamo." La sua voce era spenta ed amara. Gli posi la mano sul braccio. "Ma non soffro per questo," egli mi disse, "tu potessi capire come tutto mi è lontano! Neppur io so quello che voglio." °Ebbe un gesto come d'impotenza. "Io... io non so," disse.

°*he made a gesture as if unable to cope*

Era venuto anche Vrasti per salutarmi, e tutti insieme— avevano alzato anche il bambino—mi accompagnarono alla stazione. Vilma non pronunciò una sola parola. Il suo viso era pallido e attonito.

Salito in treno mi affacciai a dire addio: vidi un'ultima volta i riccioli del bambino scompigliati dal vento, Vilma, Vrasti che agitava verso di me il suo cappello floscio: poi Walter volse le spalle e °s'incamminò per andarsene, con le mani in tasca, e gli altri lo seguirono.

°*started to go*

Per tutto il viaggio non potei pensare che a loro. Per molto tempo, tornato in città, non pensavo che a loro e non sentivo alcun legame con le persone che mi erano intorno. Scrissi molte lettere a Walter, ma non ebbi risposta. Più tardi seppi da estranei che il bambino era morto, essi si erano separati e Vilma °era andata a stare col musico.

°*she had gone to live*

Conversazione

A.

1. Come descrive il narratore l'amico Walter?
2. Per quale ragione deve andare in una città balneare?
3. Come ha ottenuto il denaro per il viaggio?
4. Quali furono le prime impressioni del narratore alla vista dell'amico?
5. Come apparvero Vilma e il bambino?
6. Descrivere il villino e la spiaggia.
7. Che cosa dicevano a tavola marito e moglie, e perché?
8. Che cosa confidò Walter all'amico?

B.

1. Che impressione fece Vrasti sul narratore?
2. Per quale ragione Walter aveva chiesto all'amico di andarlo a trovare?
3. Che tipo di paesaggio v'era intorno alla casa al mare?
4. Perché Vilma cambiò il suo atteggiamento verso Vrasti e come si comportò col narratore?
5. Quali peculiarità di carattere ha Walter e a che cosa lo paragona il narratore?
6. Quale effetto ebbe su Walter e su Vilma la decisione del narratore di partire?

7. L'amore delle donne produce effetti diversi sui due amici?
8. Perché la presenza del narratore ha complicato la situazione in famiglia?
9. Che cosa accade mentre il narratore sta facendo le valigie?

C. ____

1. Che cosa deve dire il narratore a Walter e perché?
2. Che simbolismo ha il gran vento della notte?
3. Come ha accettato Walter la confessione della moglie?
4. Descrivere la scena alla stazione durante la partenza del narratore.
5. Quale effetto ebbe la relazione con Vilma sul narratore?
6. Come si conclude il racconto?
7. Quale altra fine potrebbe avere?
8. È tipicamente italiano l'intreccio di questo racconto? Spiegare la ragione positiva o negativa che sia.
9. Che reazione personale suscita la situazione familiare della casa di Walter?
10. Parafrasare la scena preferita del racconto cambiando la prima persona usata dal narratore in terza persona.

Dialogo

Volgere in dialogo le seguenti scene:

1. una scena in cui il narratore chiede il denaro alla madre e lei lo accusa di sperpero e di poco riguardo, e glielo rifiuta
2. l'arrivo del narratore nella cittadina balneare, l'incontro con l'amico e poi con Vilma e il bambino
3. scena familiare a tavola dove è ospite anche il 'musico' Vrasti
4. la scena d'amore tra Vilma e il narratore
5. la partenza del narratore

Esercizi tematici

A. *Trattare i seguenti argomenti oralmente o per iscritto:*

1. il comportamento della madre del narratore
2. la generosità del narratore
3. l'introversione di Walter
4. la superficialità di Vilma
5. la spudoratezza di Vrasti

B. *Intervistare in qualità di giornalista i personaggi principali di questo racconto, indagando le ragioni psicologiche delle loro azioni. Gli interpreti dei personaggi dovranno immedesimarsi nei loro ruoli e rispondere alle domande del giornalista.*

PERSONAGGI PRINCIPALI

Il Narratore
Walter

Vilma

Vrasti

Il Giornalista

C. *Discutere il racconto, sviluppando i seguenti aspetti:*

1. ambiente
2. descrizione dei personaggi
3. rapporti fra i personaggi
4. reazioni del lettore al racconto

D. *Scrivere un componimento sulla vita coniugale di Walter e Vilma puntando sui loro rapporti intimi, sulla loro sincerità e sulle ragioni che causarono la loro separazione.*

E. *Sviluppare i seguenti punti inerenti al racconto in maniera affermativa o negativa:*

1. Sarebbe stato preferibile che il **narratore** non fosse andato al mare a trovare l'amico?
2. Sarebbe stato logico che il marito avesse scacciato Vrasti da casa?
3. Sarebbe stato consigliabile che i coniugi non si fossero separati?

Esercizi di lessico

A. *Comporre una frase per ogni espressione idiomatica qui sotto elencata:*

1. dava sul mare
2. guardare fisso
3. rendersi conto
4. tirar su
5. durai fatica
6. mi porse la mano
7. fanno parte
8. farmi del bene
9. mi stava a guardare
10. si strinse a me
11. fermarsi a cena
12. mi affacciavo alla finestra

B. *Accoppiare i sostantivi della prima colonna con i verbi appropriati della seconda e formare delle frasi usando per i verbi dei tempi a piacere:*

il matrimonio	suscitare
il tremito	lagnarsi
il ricordo	balbettare
gli altri	apparire
l'amore	divenire
la solitudine	dare gioia
il musico	complicare
il bambino	accennare a
la nostalgia	gridare
il villino	sembrare
la vita	apparire
la paura	tormentare

C. *Accoppiare i sinonimi qui sotto elencati:*

lo sperpero	azzurro
il rammarico	la smania
accadere	la disgraziata
la sabbia	volgere
fiacco	estranei
la riva	indurre
la rena	succedere
la sfortunata	stanco
voltare	lo spreco
sconosciuti	l'agitazione
blu	il rimpianto
istigare	la spiaggia

Esercizi di grammatica

A. *Mettere i verbi delle seguenti frasi al futuro, al condizionale, all'imperfetto, al passato prossimo, al passato remoto e al trapassato prossimo (v. MGI pp. 76, 142, 91, 95, 116, 91):*

1. Vrasti cerca di attirare a sé il bambino che gli sfugge, lo trattiene per i polsi e gli accarezza il capo con la mano grossa.
2. Durante il pranzo il bimbo non vuole mangiare e la madre lo incita con voce stanca; Walter tace e spezzetta del pane e guarda fisso davanti a sé.
3. Vilma non risponde ma sospira e abbassa il capo; il bimbo volge dall'uno all'altra gli occhi spaventati.

B. *Formare delle brevi frasi con i seguenti verbi, alternando i tempi:*

ESEMPIO: scacciare

pres.	Io *scaccio* il cane da casa.
imperf.	Perché *scacciavi* tuo marito da casa?
pass. rem.	Quella sera egli *scacciò* gli ospiti dalla sua casa.
fut.	Domani noi *scacceremo* i servi.
cond. pres.	Voi *scaccereste* tutti dalla villa.
pass. pross.	Questa mattina *hanno scacciato* il servo da casa.
trap. pross.	Io *avevo scacciato* gli studenti dalla classe.
cond. pass.	Tu *avresti scacciato* persino tua madre.
cong. pres.	Vilma desidera ch'egli *scacci* l'amico.
cong. imp.	Vrasti desiderava che noi *scacciassimo* Walter

VERBI

1. sdraiarsi
2. accompagnare
3. trattenere
4. rivolgersi a
5. riuscire a
6. riempire

C. *Mettere i verbi delle seguenti frasi al congiuntivo presente e passato (v. MGI pp. 148 e seg.) anteponendo l'espressione* Bisogna che lui:

1. suonare il pianoforte
2. ritrovare un vecchio amico
3. chiarire l'argomento
4. alzarsi dal letto
5. rincorrere il bambino
6. non avvilirsi per sciocchezze

D. *Mettere i verbi delle frasi dell'esercizio C al congiuntivo imperfetto e trapassato (v. MGI pp. 148 e seg.) anteponendo l'espressione* Bisognava che loro.

E. *Formare delle frasi con le seguenti espressioni avverbiali, usando al congiuntivo (v. MGI pp. 148 e seg.) i verbi indicati:*

1. prima che	1. affacciarsi
2. dopo che	2. scendere
3. finché	3. rendersi conto
4. benché	4. impedire
5. senza che	5. soffrire
6. nonostante che	6. piacere
7. purché	7. non piangere
8. come se	8. crescere

Enrico La Stella

ENRICO LA STELLA.

ENRICO LA STELLA (1926-), nato a Solbiate Arno (Varese), vive attualmente a Milano dove dirige l'ufficio propaganda per la casa editrice 'Selezione del Reader's Digest'. Ha esordito in campo letterario nel 1956 con *L'amore giovane* che gli ha fatto guadagnare il 'Premio Bagutta, opera prima'. Ha vinto inoltre il 'Premio Leggeri' per un lungo racconto inedito che è stato poi pubblicato nella rivista *Paragone*, con il titolo: *La vecchia delle erbe* per il quale ha ricevuto anche il 'Premio Milano sera'. La Stella si distingue oggi come romanziere, poeta e giornalista, per la sua collaborazione a vari periodici e riviste quali *Epoca, La Fiera Letteraria, Amica* e *Il mondo*. Giorgio Bassani e Elio Vittorini sono stati i suoi 'padrini letterari' per la prosa e Alfonso Gatto per la poesia. Da un suo racconto è stato tratto il film omonimo *La voglia matta*. Le sue opere, tradotte in varie lingue, hanno avuto particolare successo in Francia e in Germania. Le sue opere più note sono i romanzi *Il silenzio è fuori* e *È tardi, Mattia* ed un volume di poesie intitolato *La paura*.

LA RAGAZZA DI MILANO

In quel punto della città passava un solo tram, stretto nel suo pallido verde e col respiro affannoso di chi sta per lasciarsi andare. Un tram col rimorchio, di quelli che resistono per scommessa.

Le case si facevano rade, gremite di finestre e di panni appesi, di gerani rossi, di volti e di canti, a volte di grida. Davanti, la darsena specchiava tutto questo, lo univa ai rifiuti che marcivano sul fondo. E ogni tanto passavano pigri barconi carichi di sabbia, si fermavano sotto le gru. Allora dai barconi scendevano nell'acqua bassa gli uomini con stivaloni alla coscia e qualche scolaro si fermava a guardare con i libri tenuti insieme da una cinghia.

completely confused In quel punto della città capitò Giulio, °tutto smarrito. Teneva lo sguardo levato alle targhe, ai numeri delle case e sentiva una stanchezza fonda legargli le ossa. Quel mitico numero 203 non arrivava mai, quando gli pareva di essere *line-up of* ormai prossimo una °teoria di misere botteghe, magazzini e negozi di carbonaio prolungavano ancora per decine di metri la sua strada.

Cambiò di mano la valigia e, con quella libera, tolse ancora una volta di tasca il biglietto spiegazzato. 'Via Ludovico il Moro numero 203' c'era scritto. E, subito sotto, 'Famiglia Castagnetti'.

Dopo un poco si fermò. Purtroppo non c'erano dubbi: Giulio era appunto davanti al numero 203 di via Ludovico il Moro. La sua casa. O, almeno, quella che per qualche tempo sarebbe stata la sua casa.

Lui che a Solbiate abitava in una villetta con tre bagni, che aveva il campo da tennis nel parco. Ma non era questo: Milano è una cosa e Solbiate un'altra. Suo padre si era accomiatato da lui nel suo ufficio alla fabbrica con il cartellino 'Consigliere delegato' fuori della porta: "È gente di Solbiate" gli aveva detto fiducioso, "e sanno di chi sei figlio. Non ricchi, ma brava gente. E poi tu vai a Milano per i tuoi studi di ingegneria non per altro. Ti tratteranno col dovuto rispetto."

Disegno di Ferenc Pinter per *La ragazza di Milano* di ENRICO LA STELLA.

Non è che Giulio si aspettasse un palazzo; ma almeno una zona meno squallida e desolata, da non vergognarsi di dire agli amici che abitava lì.

Aveva posato la valigia a terra e stava immobile, davanti a quel portone spalancato come la bocca di un forno mentre nella corte interna qualche bambino giocava gridando. Si affacciò un donnone con mezzo seno che le traboccava fuori della vestaglia e Giulio abbassò lo sguardo.

Restare fermo lì, inchiodato sul marciapiede, era ridicolo; gli conveniva salire da questi Castagnetti, non aveva altre soluzioni per il momento. °Caso mai, dopo qualche giorno, avrebbe scritto a suo padre e cambiato casa. Per fortuna, non esisteva alcun problema economico, solo che per il papà se una persona era anche lontanamente originaria di Solbiate valeva come chissà quale attestato.

in any case

E magari del paese natale non ricordava più nulla, se non che da ragazzino scalava gli alberi °a piedi nudi e che pensava per sé chissà quale avvenire. Ora, invece, tutto il suo avvenire era in quel lontano passato, negli anni di Solbiate diventati in lui ricchi ed esaltanti, favolosi addirittura.

barefoot

"Ma bene, ma bene benissimo" disse il signor Castagnetti. Aveva tolto la valigia dalle mani di Giulio e si era dimenticato di posarla, così che gesticolando la alzava e la abbassava e nella sua mano enorme non pareva nemmeno più una valigia, ma appena una scatola senza peso.

"Scommetto che è digiuno" lo interruppe la moglie, piccola e ilare nel suo volto rugoso con occhi azzurri, "e tu gli °stai a ripetere bene benissimo. Non badi al disordine, lei... Sa, con due ragazzi in casa..."

keep repeating

Pochi minuti dopo Giulio era a tavola. La signora aveva messo giù in fretta °una tovaglia di bucato mentre Castagnetti padre era sceso a comprare il vino, nonostante le proteste di Giulio.

"°Che diamine" aveva detto l'uomo, "sono un radiotecnico, °non un barbone. Non lo compro spesso perché a me rovina lo stomaco, però, che diamine, °perbacco, almeno stasera!"

A tavola, tra un bicchiere e l'altro, Casimiro—cioè il padre—aveva iniziato il suo sfogo che, finalmente, trovava un ascoltatore cortese. I figli gli stavano accorciando la vita, ecco tutto. Dov'erano adesso—°tanto per fare il punto—mentre la famiglia era a tavola e °per di più c'era un ospite, un carissimo, un amato ospite? Mistero. Si capisce, le scuse le avevano pronte: il °lavoro straordinario (ma nella °busta-paga non se ne trovava traccia), un amico che °si era sentito poco bene, e così via, una frottola dietro l'altra. Solo che °avevano sbagliato il conto, se credevano °che lui bevesse tutto, non era nato ieri e come cervello, ringraziando Domeneddio, °se ne metteva nel sacco così...

Giulio ascoltava, annuiva, ogni tanto azzardava qualche giustificazione per i ragazzi, più perché aveva capito che Casimiro non attendeva altro che per solidarietà verso i due giovani. Non aveva nemmeno capito di che sesso fossero e che età potessero avere; ma non gliene importava assolutamente nulla.

Le sere, a quest'ora, stava giocando a canasta; o ballava un poco con Dedi, ascoltando gli ultimi dischi appena arrivati. Dedi, così sottile e delicata, con un profumo nei capelli che lo stordiva. Uscivano nel parco e passeggiavano accanto, finché lui la prendeva per le spalle e cominciava a baciarle le tempie, le gote, la bocca. Dedi aveva un modo tutto suo, trepido e confidente, di °raccogliersi tra le sue braccia. Così che uno si sentiva davvero padrone del mondo e gonfiava, gonfiava fino a sfiorare con i capelli le fronde dei pini.

Non resterò da questi Castagnetti, decise. Domani trovo una scusa qualunque e °faccio fagotto.

Suonò il campanello.

"Vede?" esplose Casimiro. "A quest'ora..."

Entrò Renata, pallida, spettinata, con gli occhi grandi ma non luminosi, come di catrame.

Aveva qualcosa di sfrontato e di indifferente nello stesso tempo.

E bella, a suo modo; ma niente affatto interessata alla propria bellezza.

freshly laundered tablecloth

what the heck
not a loafer
by Jove

just to point it out
moreover

overtime · pay check
he wasn't feeling too well
they had made a mistake
that he would believe everything
he could outsmart most of them

nestle in his arms

pack and leave

Tese la mano, disse 'piacere', ma andò a mettersi il grembiule mentre ancora il padre le decantava le qualità dell'ospite.

"Sa, è timida" ammiccò Casimiro. "Ma è una ragazza che è una perla: lavora tutto il giorno e la sera stira, lava, lava, stira."

Giulio fece segno di sì, anche se il nuovo ritratto della ragazza era piuttosto discordante da quello che aveva sentito fino a due minuti prima a proposito dei figli egoisti, falsi e lazzaroni.

Suonò ancora il campanello; la madre, dopo aver parlottato un poco in anticamera, tornò nella saletta con il viso afflitto, tormentandosi le mani mentre °guardava di sottecchi il marito: "Gianni °manda a dire che mangia due panini fuori perché deve andare °all'incontro di pugilato" annunciò.

"Ma bene" scattò Casimiro, "ma bene benissimo!"

Tracannò un bicchiere di vino per soffocare l'indignazione, ma un accesso di tosse tolse ogni dignità al suo cipiglio. Renata rientrò, sedette a tavola e °prese a mangiare svogliatamente, fissa in qualche suo pensiero.

Aveva i capelli castani con riflessi rossi e sotto la lampada parevano una cosa viva, con un'esistenza propria, °a sé stante.

"Il mio vestito giallo è pronto?" chiese a un tratto rivolta alla madre.

Ma Casimiro si interpose con tutta la sua ira: "Il vestito giallo per fare che?"

"Devo uscire."

Casimiro ebbe uno sguardo terribile: "Mi scusi °per queste miserie a cui deve assistere" disse rivolto a Giulio, "ma mi °ci tirano per i capelli. Tu non esci" tuonò, "né col vestito giallo né con nessun altro. Che famiglia deve pensare che siamo il signor Giulio? Una famiglia di girovaghi, di, di..."

Giulio fece un timido segno come a far capire che non pensava nulla di simile, ma Casimiro si mise una mano sul petto: "È una famiglia onorata" dichiarò solennemente, "una delle prime famiglie di Solbiate."

E subito arrossì, perché la sua dichiarazione abituale gli era scappata proprio di fronte a uno di Solbiate che avrebbe facilmente potuto smentirlo.

Ma Giulio °fece cavallerescamente segno di sì. Un poco era affascinato dal personaggio di Casimiro, ma soprattutto aveva sentito un paio di volte su di sé lo sguardo distratto e fondo di Renata. E questo lo elettrizzava.

was looking slyly
sends word
at the boxing matches

started to eat

of its own

for this stupid nonsense
they force me

chivalrously he nodded yes

simple people

without accounting
"°Gente alla buona" modificò Casimiro, "ma che può andare a testa alta, °senza rendere conto proprio a nessuno."

Renata guardava il padre con freddo odio. I suoi occhi di catrame erano capaci di esprimere assai più di quello che si sarebbe detto. Aveva smesso di mangiare e spezzettava uno stuzzicadenti. "E cos'è questa novità del non uscire?" chiese a un tratto.

Il padre parve un attimo incerto: "È che" disse infine, "una ragazza di diciassette anni la sera farebbe meglio a stare in casa. E poi, questo non è un albergo. Se uscissi con tuo fratello sarebbe un'altra storia. Ma quello ha il pugilato per la testa, una cosa da bruti, io dico, da °senza fede né carità..."

without faith or charity

I have a headache
"Allora vado a letto. °Ho mal di testa" disse quasi con sprezzo Renata. Tese la mano a Giulio, mormorò 'molto piacere' e uscì di stanza.

with a wry look

modesty aside
"Ma vede, vede?" proruppe Casimiro °torcendo gli occhi. "Ecco i figli d'oggi, la gratitudine che hanno verso chi ha sacrificato tutto per loro! Come se anch'io, °modestia a parte, non avessi potuto intraprendere l'ingegneria... Ma nossignore, ci sono i figli, i figli... E poi ecco che al momento buono ti danno una pedata °e chi s'è visto s'è visto."

and that's it

it was a matter of working
Senonché, inaspettata, sorse la voce della moglie. E si levò contro Casimiro: Renata non era una bambina quando °si trattava di lavorare, e dunque aveva diritto a qualche svago, non era una macchina, dopotutto, e i diciassette anni fanno presto a passare.

he was in a bad mood
Casimiro sbuffò, bevve un altro bicchiere di vino. °Era imbronciato e confuso come un vecchio orso appena uscito di letargo, incerto tra il suo amore e la paura di farlo trasparire. E poi si sentiva isolato e misconosciuto, come avesse sulle spalle tutta una vita che non riuscisse a tradursi in qualcosa di concreto.

great impression we made

for heaven's sake
"°Bello spettacolo abbiamo dato" riprese con amarezza; "proprio un bello spettacolo. Chissà che impressione si è fatto di noi, adesso, il nostro gentile ospite..."

Giulio disse °per carità, che non si mettesse in mente idee sbagliate. Un'impressione ottima, addirittura eccellente; in tutte le famiglie succedono cose di questo genere.

Casimiro pareva un po' consolato. Guardava nel bicchiere come se dovesse trovarci la risposta a ogni perché.

Giulio pensava che a quell'ora Dedi stava ascoltando il loro disco, come aveva promesso. Dedi con i capelli biondi, col suo vestito di velluto blu. Quando stava per baciarla, lei chiudeva gli occhi, lo sentiva sempre un attimo prima, come una gatta.

Ma gli venne in mente anche Renata e Dedi sfiorì, come un immagine d'infanzia.

Guardava il posto lasciato vuoto da Renata e provava un desiderio struggente di riverderla, di sentire ancora la sua presenza senza neppure il bisogno di levare lo sguardo. O forse era il vino, ma certamente qualcosa era.

Alle undici Casimiro, che aveva cominciato a sbadigliare da una mezz'ora, chiese scusa, disse che il mattino alle sei lui era in piedi e andò a letto.

La signora accompagnò Giulio nella sua stanzetta, piccola e ordinata, con un acuto odore di cera.

°All'atto di accomiatarsi da lui gli sfiorò timidamente una *at the moment of taking leave* spalla con la mano e disse in fretta: "Ci scusi tanto, sa, non siamo gente istruita, noi. Felice notte."

E prima che Giulio potesse rispondere era già uscita dalla stanza, rapida e leggera come se non avesse peso.

Finché Giulio rimase solo.

L'ombra della bicicletta arrampicata sull'armadio, il comodino °con su il paralume verde e una gondola d'argento, *with on it* le stampe, in una piccola scansia i libri *Signorinette e Signorinette nella vita* di Wanda Bontà. Questa doveva essere la stanza di Renata, prima. Chissà dove l'avevano relegata adesso.

Giulio accarezzò i dorsi dei libri, la piccola gondola d'argento. Provava uno struggimento fondo e cercò di richiamarsi alla memoria il volto di Dedi. A Solbiate li chiamavano °'Giu- *Giulio of the cloth mills and Dedi* lio dei filati e Dedi laminati'; una bella coppia, ricca, elegante *of the steel metal foundry* a cui non mancava proprio nulla. Ma nella stanza Giulio sentiva Renata, non Dedi. Sul cuscino gonfio e pulito gli pareva di vedere l'impronta dei suoi capelli rossi e ovunque, in ogni angolo e odore, avvertiva quella presenza, la desiderava.

Aprì la °porta a vetri e fu sul ballatoio °che dava in corte. *glass door · which faced*

Dappertutto luci e musica che usciva dalle radio. Era come starsene in un Luna Park, allegro e malinconico a un tempo.

Giulio non riusciva a pensare. °Era in balia di quell'aria, *was overpowered by that air* Milano sembrava venirgli incontro come navi, pontoni, zattere. Un'aria di partenze o di approdi, la vita aperta davanti come un fiume, carica di richiami e di lusinghe.

E sopra a tutto, confuso in tutto, il volto cupo di Renata, appena scoperto e già radicato in lui.

Giulio era pieno di sensazioni, guardava le luci e gli pareva come se a tendere le mani avesse potuto cogliere tutto per sé. Ma era solo. A un tratto vide un'ombra appoggiarsi alla ringhiera, a pochi passi da lui. Provò un'enorme timidezza.

"Non era andata a letto?" chiese.

Renata sorrise. Si vide un attimo il bianco dei suoi denti e °avevano qualcosa di loro, come se dovessero mandare profumo.

had something of their own

"Non dormo se vado a letto così presto" disse. "°L'ho detto per dire." Gli si avvicinò.

I said it just to say something

"Be', che ne pensa?" chiese.

Giulio °era preso alla sprovvista, legato com'era da una timidezza totale, qualcosa dell'infanzia °che gli tornava fuori a tradimento.

he was unprepared
which reappeared when he least wanted it

"Che ne penso di cosa?" chiese. E quasi balbettava.

"Ma di tutto, naturalmente. Questo casermone sulla darsena, le miserie di casa mia... le chiacchiere di papà quando beve un bicchiere di vino... tutto, insomma."

"Mi piace" disse Giulio. "Non so spiegarmi, ma è come se tornassi in un luogo già noto... Se penso che sono qui solo da qualche ora, mi sembra impossibile."

In un certo senso era sincero. Forse era quell'aria da Luna Park a dargli la sensazione di cose già vissute, o forse la presenza di Renata che lo agitava °mettendogli in corpo una dolce, ebbra inquietudine. Come un messaggio d'amore che uscisse dalle pagine di un libro di scuola.

making him feel

"°Le facciamo pena, vero?" gli alitò in volto Renata. Sembrava furente e pacata a un tempo.

you feel sorry for us

Giulio desiderò baciarla; lo desiderò più di qualunque altra cosa. Ma non ne avrebbe mai avuto il coraggio.

Allora Renata gli poggiò rapida le labbra sulla bocca e subito, quando Giulio °fece per abbracciarla, si strappò da lui.

tried to embrace her

"Renata" mormorò il giovane. Tremava tutto; anche nella voce tremava.

"°Non ci badare" disse lei rapida. "È solo per rabbia, per vendetta che l'ho fatto. Loro credono che il male sia tutto fuori e che in casa, chissà perché, non si possa..."

don't take it seriously

Ma forse le spiacque di vedere l'espressione addolorata di Giulio, il suo turbamento così scoperto: "Scusa" disse "e buona notte. Ma non voglio che la mia famiglia °faccia pena a nessuno."

be pitied by anyone

Giulio voleva ribattere, dire qualcosa, ma Renata era come fuggita via, rientrando in casa dall'altra porta a vetri.

Giulio °stentò ad addormentarsi. Cercava di pensare a Dedi, al suo volto gentile, ai capelli biondi. Ma Renata era molto più forte; la sua immagine, triste e indifferente insieme, soverchiava tutto. Era appesa su quello straordinario cielo da Luna Park.

had difficulty in falling asleep

Poco dopo °scattò una chiave nella porta d'ingresso. Il fra-   *a key turned in the lock*
tello tornava dall'incontro di pugilato.

Giulio si voltò nel letto: ora sapeva distintamente, con sicurezza che non si sarebbe più mosso di lì. La sua casa, a Milano, era in via Ludovico il Moro, numero duecentotré.

Conversazione

A.

1. Descrivere il sobborgo di Milano quale appare a Giulio al suo primo arrivo.
2. Per quale ragione Giulio è venuto a Milano e dove è diretto?
3. Che ambiente ha lasciato Giulio?
4. Che sentimenti prova nel trovarsi in questo particolare sobborgo?
5. Descrivere l'accoglienza in casa Castagnetti.
6. Che aspetto ha la Signora Castagnetti?
7. Che concetto ha il padre dei figli e come li descrive all'ospite?
8. Da quali nostalgici ricordi è assalito Giulio mentre il padre gli parla dei suoi figliuoli?
9. Per quale ragione Giulio decide di andarsene presto da quella casa?

B.

1. Descrivere Renata al suo primo apparire.
2. Cosa dice di Renata il padre ora che la figlia è presente in contrasto a quel che ha detto prima?
3. Che cosa manda a dire il figlio Gianni al padre?
4. Quale opposizione suscita nel padre la richiesta del vestito giallo da parte della figlia?
5. Sempre secondo il padre, come si dovrebbe comportare una ragazza di diciassette anni?
6. Perché fa la vittima il padre e dice a Giulio di sentirsi 'isolato e misconosciuto'?
7. Perché l'immagine della fidanzata incomincia a sfiorire per Giulio?
8. Descrivere la stanzetta destinata a Giulio e quali sensazioni gli produce?
9. Che cosa simboleggia per Giulio il panorama del fiume visto dal suo balcone e che cosa vi predomina?

C.

1. Come appare Renata al balcone e quali sensazioni suscita in Giulio?
2. Con quali parole esprime Renata il suo complesso d'inferiorità?
3. Cosa avviene quando Renata bacia Giulio?
4. Perché Renata bacia Giulio? A quale scopo?

5. Quali reazioni producono le immagini di Dedi e di Renata nella fantasia di Giulio?
6. Malgrado il contrasto di ambiente, quale decisione prende Giulio, e perché?
7. Quale reazione personale suscita l'autorità paterna in casa Castagnetti?
8. Considerando i diversi ambienti sociali di Giulio e di Renata, è logico il finale del racconto?
9. Come potrebbe finire diversamente?

Dialogo

Volgere in dialogo le seguenti scene:

1. l'arrivo di Giulio in casa Castagnetti
2. la scena a tavola fra Giulio, il padre che brontola per i figli e la madre che li protegge
3. l'entrata di Renata e la sua discussione col padre
4. il dialogo sul balcone fra Giulio e Renata

Esercizi tematici

A. *Trattare i seguenti argomenti oralmente o per iscritto:*

1. la spiccata differenza delle origini di Giulio e l'ambiente che trova a Milano presso la famiglia Castagnetti
2. il carattere e l'atteggiamento del padre e la reazione di Giulio
3. il ricordo e l'immagine della ragazza che Giulio ha lasciato a Solbiate e che sfiorisce al primo incontro con Renata
6. i due motivi che inducono Renata a baciare Giulio

B. *Intervistare in qualità di giornalista i personaggi principali di questo racconto, indagando le ragioni psicologiche delle loro azioni. Gli interpreti dei personaggi dovranno immedesimarsi nei loro ruoli e rispondere alle domande del giornalista.*

PERSONAGGI PRINCIPALI

Giulio
Casimiro
La Madre
Renata

Il Giornalista

C. *Discutere il racconto, sviluppando i seguenti aspetti:*

1. ambiente
2. descrizione dei personaggi
3. rapporti fra i personaggi
4. reazioni del lettore al racconto

D. *Scrivere un componimento descrivendo i rapporti fra i figli e i genitori di una tipica famiglia operaia italiana.*

E. *Sviluppare i seguenti punti inerenti al racconto in maniera affermativa o negativa:*

1. Sarebbe stato preferibile che Giulio non fosse andato a studiare ingegneria a Milano?
2. Sarebbe stato logico che il ricordo di Dedi avesse impedito a Giulio di innamorarsi di Renata?
3. Sarebbe stato consigliabile che Giulio non fosse rimasto a Via Ludovico il Moro, no. 203, dopo aver conosciuto Renata?

Esercizi di lessico

A. *Comporre una frase per ogni espressione idiomatica qui sotto elencata:*

1. il lavoro straordinario
2. faccio fagotto
3. manda a dire
4. gente alla buona
5. modestia a parte
6. chi si è visto si è visto
7. le facciamo pena
8. non ci badare
9. ho mal di testa
10. caso mai
11. per di più
12. si era sentito poco bene

B. *Accoppiare i sostantivi della prima colonna con i verbi appropriati della seconda e formare delle frasi usando per i verbi dei tempi a piacere:*

lo sguardo	arrampicarsi
i capelli	spegnersi
l'orso	stirare
la coppia	correre
il donnone	volgere
il bucato	camminare
il tram	tirare
i barconi	vivere
la famiglia	accomiatarsi
la gente	sentire
i ragazzi	affacciarsi
la lampada	scorrere

C. *Accoppiare i sinonimi qui sotto elencati:*

il cuscino	ebbro
smarrito	pacato
il ragazzino	addolorato
posare	scappare

tornare	rompere
immobile	accolto
mettere	il bambino
afflitto	ritornare
ricevuto	perduto
fuggire	il guanciale
ubbriaco	spezzare
calmo	fermo

Esercizi di grammatica

A. *Mettere i verbi delle seguenti frasi al futuro, al condizionale, all'imperfetto, al passato prossimo, al passato remoto e al trapassato prossimo (v. MGI pp. 76, 142, 91, 95, 116, 91):*

1. Tende la mano, dice 'piacere', e va a mettersi il grembiule mentre il padre le decanta le qualità dell'ospite.
2. Renata rientra, siede a tavola e prende a mangiare svogliatamente; il padre invece tracanna un bicchiere di vino.
3. Nella stanza Giulio sente Renata, non Dedi; sul cuscino gonfio e pulito gli pare di vedere l'impronta dei suoi capelli rossi; avverte ovunque la sua presenza e la desidera.

B. *Formare delle brevi frasi con i seguenti verbi, alternando i tempi:*

ESEMPIO: spalancare

pres.	Io *spalanco* la finestra che dà sul mare.
imperf.	Tu *spalancavi* spesso la finestra.
pass. rem.	Quella sera lui *spalancò* il portone.
fut.	D'ora in poi noi *spalancheremo* le finestre.
cond. pres.	Voi non *spalanchereste* quella porta.
pass. pross.	Loro *hanno spalancato* tutte le vetrate.
trap. pross.	Io *avevo spalancato* la porta della classe.
cond. pass.	Tu *avresti spalancato* gli occhi.
cong. pres.	Il padre non vuole che la figlia *spalanchi* la finestra.
cong. imp.	La madre non voleva che noi *spalancassimo* le porte.

VERBI

1. accarezzare
2. specchiarsi
3. richiamare
4. togliere
5. vergognarsi
6. interrompere

C. *Mettere i verbi delle frasi seguenti al congiuntivo presente e passato (v. MGI pp. 148 e seg.) anteponendo l'espressione* È meglio che tu:

1. attendere il momento opportuno
2. ballare con gli amici
3. passeggiare nel parco con i bambini
4. sorridere piacevolmente
5. rendersi conto della verità
6. scattare la chiave nella serratura

D. *Mettere i verbi delle frasi dell'esercizio C al congiuntivo imperfetto e trapassato (v. MGI pp. 148 e seg.) anteponendo l'espressione* Era meglio che lei.

E. *Formare delle frasi con le seguenti espressioni avverbiali, usando al congiuntivo (v. MGI pp. 148 e seg.) i verbi indicati:*

1. prima che	1. spezzare
2. dopo che	2. inchiodare
3. finché	3. arrossire
4. benché	4. accomiatarsi
5. senza che	5. gesticolare
6. nonostante che	6. esistere
7. purché	7. accorciare
8. come se	8. accarezzare

Luigi Pirandello

[Vedere p. 3]

LA FEDELTÀ DEL CANE

Mentre donna Giannetta, ancora in sottana, e con le spalle e le braccia scoperte e un po' anche il seno (più d'un po', veramente) °si racconciava i bei capelli corvini seduta innanzi alla specchiera, il marchese don Giulio del Carpine °finiva di fumarsi una sigaretta, sdraiato sulla poltrona °a piè del letto disfatto, ma con tale cipiglio, che in quella sigaretta pareva vedesse e volesse distruggere chi sa che cosa, dal modo come la guardava nel togliersela dalle labbra, dalla rabbia con cui ne aspirava il fumo e poi lo sbuffava. °D'improvviso si rizzò sulla vita e disse scrollando il capo:

"Ma no, via, non è possibile!"

Donna Giannetta si voltò sorridente a guardarlo, con le belle braccia levate e le mani tra i capelli, come donna che non tema di mostrar troppo del proprio corpo.

"Ancora ci pensi?"

"Perché non c'è logica!" scattò egli, alzandosi, stizzito.

"Tra me e... coso, e Lulù, via, °non tocca a dirlo a me..."

Donna Giannetta chinò il capo da una parte e °stette così a osservar don Giulio di sotto il braccio come per farne una perizia disinteressata prima di emettere un giudizio. Poi, comicamente, quasiché la coscienza proprio non le permettesse di concedere senza qualche riserva, sospirò:

"Eh, secondo..."

"Ma che secondo, fa' il piacere!"

"Secondo, secondo, caro mio," ripeté allora senz'altro donna Giannetta.

Del Carpine scrollò le spalle e °si mosse per la camera.

Quand'aveva la barba era veramente un bell'uomo; alto di statura, ferrigno. Ma ora, tutto raso per obbedire alla moda, con quel mento troppo piccolo e quel naso troppo grosso, dire che fosse bello, via, non si poteva più dire, soprattutto perché pareva che lui lo pretendesse, anche così con la barba rasa, anzi appunto perché se l'era rasa.

she was tidying her beautiful hair
he was finishing a cigarette
at the foot of the bed

suddenly he stood up straight

it's not up to me to say
remained so

he moved around the room

"La gelosia, del resto," sentenziò "non dipende tanto dalla poca stima che l'uomo ha della donna, o viceversa, quanto dalla poca stima che abbiamo di noi stessi. E allora…"

Ma guardandosi °per caso le unghie, °perdette il filo del discorso, e fissò donna Giannetta, come se avesse parlato lei e non lui. Donna Giannetta, che se ne stava ancora alla specchiera, con le spalle voltate, lo vide nello specchio, e con una mossetta degli occhi gli domandò:

"E allora… che cosa?"

"Ma sì, è proprio questo! Nasce da questo!" riprese lui con rabbia. "Da questa poca stima di noi, che ci fa credere, o meglio, temere di non bastare a riempire il cuore o la mente, a soddisfare i gusti o i capricci di chi amiamo; ecco!"

"Oh," fece allora lei, con un respiro di sollievo. "E tu non l'hai, di te?"

"Che cosa?"

"Cotesta poca stima che dici."

"Non l'ho, non l'ho, non l'ho, se mi paragono con… coso, con Lulù; ecco!"

"Povero Lulù mio!" esclamò allora donna Giannetta, rompendo in una sua abituale risatina, ch'era come una cascatella gorgogliante.

"Ma tua moglie?" domandò poi. "Bisognerebbe ora vedere che stima ha di te tua moglie."

"Oh senti!" s'affrettò a risponderle don Giulio, infiammato. "Non posso in nessun modo crederla capace di preferirmi…"

"Coso!"

"Non c'è logica! non c'è logica! Mia moglie sarà… sarà °come tu vuoi; ma intelligente è. Di noi, ch'io sappia, non sospetta. Perché lo farebbe? E con Lulù, poi?"

Donna Giannetta, finito d'acconciarsi i capelli, si levò dalla specchiera.

"Tu insomma," disse, "difendi la logica. La tua, però. Prendimi il copribusto, di là. Ecco, sì, codesto, grazie. Non la logica di tua moglie, caro mio. Come ragionerà Livia? Perché Lulù è affettuoso, Lulù è prudente, Lulù è servizievole… E mica tanto sciocco poi, sai? Guarda: io, per esempio, non ho il minimo dubbio che lui…"

"°Ma va'!" negò recisamente don Giulio, °dando una spallata. "Del resto, che sai tu? chi te l'ha detto?"

"Ih," fece donna Giannetta, appressandoglisi, prendendolo per le braccia e guardandolo negli occhi. "Ti alteri? Ti turbi sul serio? Ma scusa, è semplicemente ridicolo… mentre noi, qua…"

by chance · he forgot the subject of the conversation

as you think

come now! · shrugging his shoulder

"Non per questo!" scattò del Carpine, infocato in volto. "Non ci so credere, ecco! Mi pare impossibile, mi pare assurdo che Livia…"

"Ah sì? Aspetta," lo interruppe donna Giannetta.

Gli tese prima il copribusto di *nansouk*, perch'egli l'aiutasse a infilarselo, poi andò a prendere dalla mensola una borsetta, °ne trasse un cartoncino filettato d'oro, strappato dal taccuino, e glielo porse. *[pulled out]*

Vi era scritto frettolosamente a matita un indirizzo: *Via Sardegna, 96.*

"Se vuoi, per pura curiosità…"

Don Giulio del Carpine °restò a guardarla, stordito, col pezzettino di carta in mano. *[stood there looking at her]*

"Come… come l'hai scoperto?"

"Eh," fece donna Giannetta, °stringendosi nelle spalle e socchiudendo maliziosamente gli occhi. "Lulù è prudente, ma io… Per la nostra sicurezza… Caro mio, °tu badi troppo a te… Non ti sei accorto, per esempio, com'io da qualche tempo venga qua e ne vada via più tranquilla?" *[shrugging her shoulders]* *[you concentrate too much on yourself]*

"Ah…" °sospirò egli astratto, turbato. "E Livia, dunque…? Via Sardegna: sarebbe una traversa di Via Veneto?" *[he sighed distractedly]*

"Sì: numero 96, una delle ultime case, in fondo. C'è sotto uno studio di scultura, °preso anche a pigione da Lulù. Ah! ah! ah! °Te lo figuri Lulù… scultore?" *[also rented]* *[can you imagine]*

Rise forte, °a lungo. Rise altre volte, °a scatti, mentre finiva di vestirsi, per le comiche immagini che le suscitava il pensiero di Lulù, suo marito, scultore in una scuola di nudo, con Livia del Carpine per modella. E guardava obliquamente don Giulio, che s'era seduto di nuovo su la poltrona, col cartoncino arrotolato fra le dita. Quando fu pronta, col cappellino in capo e la veletta abbassata, si guardò allo specchio, °di faccia, °di fianco, poi disse: *[for a long time · jerkily]* *[in front]* *[on the side]*

"°Non bisogna presumer troppo di sé, caro! Io ci ho piacere, per il povero Lulù, e anche per me… Anche tu, °del resto, dovresti esserne contento." *[one must not be too presumptuous]* *[furthermore]*

°Scoppiò di nuovo a ridere, vedendo la faccia che lui le faceva; e corse a sederglisi su le ginocchia e a carezzarlo: *[she burst out laughing again]*

"Vendicati su me, via, Giugiù! Come sei terribile… Ma °chi la fa l'aspetta, caro: proverbio! Poiché Lulù è contento, noi adesso…" *[He who does wrong can expect the same (proverb)]*

"Io voglio prima accertarmene, capisci?" diss'egli duramente, con un moto di rabbia °mal represso, quasi respingendola. *[barely repressed]*

Donna Giannetta si levò subito in piedi, risentita, e °disse fredda fredda: *[she said very coldly]*

"°Fa' pure. Addio, eh?" *do so*

Ma s'affrettò a levarsi anche lui, pentito. L'espansione d'affetto a cui stava per abbandonarsi gli fu però interrotta dalla stizza persistente. Tuttavia disse:

"Scusami, Gianna... Mi... mi hai frastornato, ecco. Sì hai ragione. Dobbiamo vendicarci bene. Più mia, più mia, più mia..."

E la prese, così dicendo, per la vita e la strinse forte a sé.

"No... Dio... mi guasti tutta °di nuovo!" gridò lei, ma contenta, cercando d'opporsi con le braccia. *again*

Poi lo bacio °pian piano, teneramente da dietro la veletta, e scappò via. *very slowly*

Giugiù del Carpine, aggrottato e con gli occhi fissi nel vuoto, rimase a raschiarsi le guance rase con le unghie della mano spalmata sulla bocca.

Si riscosse come punto da un improvviso ribrezzo per quella donna che aveva voluto morderlo velenosamente, così, per piacere.

Contenta ne era; ma non per la loro sicurezza. No! contenta di non esser sola; e anche (ma sì, lo aveva detto chiaramente) per aver punito la presunzione di lui. Senza capire, imbecille, che se lei, avendo Lulù per marito, poteva °in certo qual modo avere una scusa al tradimento, Livia no, perdio, Livia no! *somehow*

°S'era fisso ormai questo chiodo, e °non si poteva dar pace. *he was now set on this point · he could not resign himself*

Dell'onestà di sua moglie, come di quella di tutte le donne in genere, non aveva avuto mai un gran concetto. Ma uno grandissimo ne aveva di sé, della sua forza, della sua prestanza maschile; e riteneva perciò, fermamente, che sua moglie...

Forse però °poteva essersi messa con Lulù Sacchi per vendetta. *she could have gone with Lulù*

Vendetta?

Ma Dio mio, che vendetta per lei? Avrebbe fatto, se mai, quella di Lulù Sacchi, non già la sua, mettendosi con un uomo che valeva molto meno di suo marito.

Già! Ma non s'era egli messo scioccamente con una donna che valeva senza dubbio molto meno di sua moglie?

Ecco allora perché Lulù Sacchi mostrava di curarsi così poco del tradimento di donna Giannetta. °Sfido! Erano suoi tutti i vantaggi di quello scambio. Anche quello d'aver acquistato, dalla relazione di lui con donna Giannetta, il diritto d'esser lasciato in pace. Il danno e le beffe, dunque. Ah, no, perdio! no, e poi no! *I dare say*

Uscì, pieno d'astio e furioso.

Tutto quel giorno si dibatté tra i più opposti propositi, perché più ci pensava, più la cosa gli pareva inverosimile. In sei anni di matrimonio aveva sperimentato sua moglie, se non al tutto insensibile, certo non molto proclive all'amore. Possibile che si fosse ingannato così?

Stette tutto quel giorno fuori; rincasò a tarda notte per non incontrarsi con sua moglie. Temeva di tradirsi, quantunque dicesse ancora a se stesso che, prima di credere, voleva vedere.

Il giorno dopo si svegliò fermo finalmente °in questo proposito di andare a vedere. *with this intent*

Ma, °appena sulle mosse, cominciò a provare un'acre irritazione; avvilimento e nausea. *as soon as he started*

Perché, dato il caso che il tradimento fosse vero, che poteva far lui? Nulla. Fingere soltanto di non sapere. E non c'era il rischio d'imbattersi nell'uno o nell'altra, per quella via? Forse sarebbe stato più prudente andar prima, di mattina, a veder soltanto quella casa, far le prime indagini e deliberare quindi °sul posto ciò che gli sarebbe convenuto di fare. *on the spot*

Si vestì in fretta; andò. Vide così la casa al numero 96, la quale aveva realmente al pianterreno lo studio di scultura, per cui donna Giannetta aveva tanto riso. La verità di questa indicazione gli rimescolò tutto il sangue, °come se essa importasse di conseguenza la prova del tradimento. Dal portone d'una casa dirimpetto, un po' più giù si fermò a guardare le finestre di quella casa e a domandarsi quali fossero quelle del quartierino appigionato da Lulù. Pensò infine che quel portone, non guardato da nessuno, poteva essere per lui un buon posto da vedere senz'esser visto, quando, °a tempo debito, sarebbe venuto a spiare. *as if this consequently signified* *in due time*

Conoscendo le abitudini della moglie, le ore in cui soleva uscir di casa, argomentò che il convegno con l'amante poteva aver luogo o alla mattina, fra le dieci e le undici, o nel pomeriggio, poco dopo le quattro. Ma più facilmente di mattina. Ebbene, poiché era lì, perché non rimanerci? °Poteva darsi benissimo che gli riuscisse di togliersi il dubbio quella mattina stessa. Guardò l'orologio; mancava poco più di un'ora alle dieci. Impossibile star lì fermo, in quel portone, tanto tempo. Poiché lì vicino c'era l'entrata a °Villa Borghese da Porta Pinciana: ecco, °si sarebbe recato a passeggiare a Villa Borghese per un'oretta. *it could be* *(public gardens in Rome)* *he would have gone for a walk*

Era una bella mattinata di novembre, un po' rigida.

Entrato nella Villa, don Giulio vide nella prossima pista due ufficiali d'artiglieria insieme con due signorine, che parevano inglesi, sorelle, bionde e svelte nelle amazzoni grige, con due

L'abitazione delle sorelle 'Materassi' fuori Firenze, dove il poeta ALDO PALAZZESCHI spesso trovava ispirazione per i suoi versi.

lunghi nastri scarlatti annodati attorno al colletto maschile. Sotto gli occhi di don Giulio essi °presero tutt'e quattro a un tempo la corsa, °come per una sfida. E don Giulio si distrasse: scese il ciglio del viale, s'appressò alla pista per seguir quella corsa e notò subito, con l'occhio esperto, che il cavallo, un sauro, montato dalla signorina che stava a destra, °buttava male i quarti anteriori. I quattro scomparvero nel giro della pista. E don Giulio rimase lì a guardare, ma dentro di sé: sua moglie, donna Livia, su un grosso baio focoso. Nessuna donna stava così bene in sella, come sua moglie. Era veramente un piacere vederla. Cavallerizza nata! E con tanta passione pei cavalli, così nemica dei languori femminili, s'era andata a mettere con quel Lulù Sacchi frollo, melenso?... Era da vedere, via!

all four started to run at the same time . as if on a challenge

he handled his front legs badly

Girò, astratto, assorto, °pe' viali, dove lo portavano i piedi. A un certo punto consultò l'orologio e s'affrettò a tornare indietro. °S'eran fatte circa le dieci, perbacco! e diventava quasi un'impresa, ora, traversare Via Sardegna per arrivare a quel portone là in fondo. Certo sua moglie non sarebbe venuta dalla parte di Via Veneto, ma da laggiù, per una traversa di Via Boncompagni. C'era però il rischio che di qua venisse Lulù e lo scorgesse.

along the paths

it was almost ten

Simulando una gran disinvoltura, senza voltarsi indietro ma °allungando lo sguardo °fin in fondo alla via, del Carpine andava con un gran batticuore che, dandogli una romba negli orecchi, quasi gli toglieva il senso dell'udito. °Man mano che inoltrava, l'ansia gli cresceva. Ma ecco il portone: ancora pochi passi... E don Giulio stava per trarre un gran respiro di sollievo, sgattaiolando dentro il portone, quando... "Tu, qua?"

peering · to the very end of the street
as he advanced

Trasecolò. Lulù Sacchi era lì anche lui, nello stesso portone. Curvo, carezzava un cagnolino °lungo lungo, basso basso, di pelo nero; e quel cagnolino °gli faceva un mondo di feste, tutto fremente, e si storcignava, si allungava, grattando con le zampette su le gambe di lui, o saltava per arrivare a lambirgli il volto. Ma non era *Liri*, quello? Sì, *Liri*, il cagnolino di sua moglie.

very long, very low
made a big fuss over him

Lulú era pallido, alterato dalla commozione; aveva gli occhi pieni di lagrime, evidentemente per le feste che gli faceva il cagnolino, quella bestiola buona, quella bestiola cara, che lo conosceva bene e gli era fedele, ah esso sì, esso sì! non come quella sua padronaccia, donna indegna, donna vile, sì, sì, o buon *Liri*, anche vile, vile; perché una donna che si porta nel quartierino pagato dal proprio amante un altro amante, il quale dev'essere °per forza un miserabile, un farabutto, un mascalzone, questa donna, o buon *Liri*, è vile, vile, vile.

necessarily

Così diceva fra sé Lulù Sacchi, carezzando il cagnolino e piangendo dall'onta e dal dolore, prima che Giulio del Carpine entrasse nel portone, dove anche lui era venuto ad appostarsi.

Per un equivoco preso dalla vecchia serva che si recava dopo i convegni a rassettare il quartierino, Lulù aveva scoperto quell'infamia di donna Livia; e, venendo ad appostarsi aveva trovato per istrada *Liri*, smarrito evidentemente dalla padrona nella fretta di salir sù al convegno.

La presenza del cagnolino, lì, in quella strada, aveva dato la prova a Lulù Sacchi che il tradimento era vero, era vero! Anche lui non aveva voluto crederci; ma con più ragione, lui, perché veramente una tale indegnità °passava la parte. E adesso si spiegava perché ella non aveva voluto ch'egli tenesse la chiave del quartierino e se la fosse tenuta lei, invece, costringendolo ogni volta ad aspettare lì, nello studio di scultura, ch'ella venisse. Oh com'era stato imbecille, stupido, cieco!

was really too much

Tutto intanto poteva aspettarsi il povero Lulù, tranne che don Giulio del Carpine venisse a sorprenderlo nel suo agguato.

I due uomini si guardarono, allibiti. Lulù Sacchi non pensò che aveva gli occhi rossi di pianto, ma istintivamente, poiché le lagrime gli si erano raggelate sul volto in fiamme, se le portò via con due dita e, alla prima domanda lanciata nello stupore da don Giulio: *Tu qua!* ripose balbettando e aprendo le labbra a uno squallido sorriso:

"Eh?... già... sì... a-aspettavo..."

Del Carpine guardò, accigliato, il cane.

"E *Liri*?"

Lulù Sacchi chinò gli occhi a guardarlo, come se non lo avesse prima veduto, e disse:

"Già… Non so… si trova qui…"

Di fronte a quella smarrita scimunitaggine, don Giulio ebbe come un fremito di stizza; scese sul marciapiede della via e guardò in sù, al numero del portone.

"Insomma è qua? Dov'è?"

"Che dici?" domandò Lulù Sacchi ancora col sorriso squallido su le labbra, ma come se non avesse più una goccia di sangue nelle vene.

Del Carpine lo guardò con gli occhi invetrati.

"Chi aspettavi tu qua?"

"Un… un mio amico," balbettò Lulù. "È… è andato sù…"

"Con Livia?" domandò del Carpine.

"No! Che dici?" fece Lulù Sacchi, °smorendo vieppiù.   *his deathly pallor increasing*

"Ma se *Liri* è qua…"

"Già, è qua; ma ti giuro che io l'ho proprio trovato per istrada," disse col calore della verità Lulù Sacchi, infoscandosi °a un tratto.   *suddenly*

"Qua? per istrada?" ripeté del Carpine, chinandosi verso il cane. "Sai tu dunque la strada, eh, *Liri*? Come mai? Come mai?"

La povera bestiola, sentendo la voce del padrone insolitamente carezzevole, °fu presa da una subita gioia; gli si slanciò   *she was overcome by a sudden joy* su le gambe, dimenandosi tutta; cominciò a smaniare con le zampette; s'allungò, guaiolando; poi s'arrotolò per terra e, quasi fosse improvvisamente impazzita, si mise a girare, a girar di furia per l'androne; poi °a spiccar salti addosso al   *to jump up* padrone, addosso a Lulù, abbaiando forte, ora, come se, in quel suo delirio d'affetto, in quell'accensione della istintiva fedeltà, volesse uniti quei due uomini, fra i quali non sapeva come spartire la sua gioia e la sua devozione.

Era veramente uno spettacolo commoventissimo la fedeltà di questo cane d'una donna infedele, verso quei due uomini ingannati. L'uno e l'altro, ora, per sottrarsi al penosissimo imbarazzo in cui si trovavano così di fronte, si compiacevano molto della festa frenetica ch'esso faceva loro; e presero ad aizzarlo con la voce, col frullo delle dita: —"Qua, *Liri*!"—"Povero *Liri*!"—ridendo tutti e due convulsamente.

A un tratto però *Liri* s'arrestò, °come per fiuto improvviso: *as if sensing* andò su la soglia del portone, °vi si acculò un po', sospeso,   *he backed up a little* inquieto, guardando nella via, con le due orecchie tese e la testina piegata da una parte, quindi °spiccò la corsa precipitosamente.   *started to run*

Don Giulio sporse il capo a guardare, e vide allora sua moglie che svoltava dalla via, seguita del cagnolino. Ma sentì afferrarsi per un braccio da Lulù Sacchi, il quale—pallido, stravolto, fremente—gli disse:

"Aspetta! Lasciami vedere con chi..."

"Come!" fece don Giulio, restando.

he pulled him back — Ma Lulù Sacchi non ragionava più; °lo strappò indietro, ripentendo:

"Lasciami vedere, ti dico! Sta' zitto..."

waiting — Vide *Liri*, che s'era fermato all'angolo della via, perplesso, come tenuto tra due, guardando verso il portone, °in attesa. Poco dopo, dalla porta segnata col numero 96 uscì un giova-
about twenty years old · a big turned up moustache — nottone °su i vent'anni, tronfio, infocato in volto, con °un paio di baffoni in sù, inverosimili.

"Il Toti!" esclamò allora Lulù Sacchi, con un ghigno orribile, che gli contraeva tutto il volto; e, senza lasciare il braccio di don Giulio, aggiunse: "Il Toti, capisci? Un ragazzaccio!
I'll fix him up for her — Uno studentello! Capisci, che fa tua moglie? Ma °gliel'accomodo io, adesso! Lasciami fare... Hai visto? E ora basta, Giulio! Basta per tutti, sai?"

put aside — Don Giulio del Carpine rimase come intronato. E che? Due, dunque? Lulù °messo da parte, oltrepassato? Lì, un altro, nello stesso quartierino? Un giovinastro... Sua moglie! E
how come — °come mai Lulù?... Dunque, stava ad aspettare anche lui?... E quel cagnolino smarrito lì, in mezzo alla via, confuso... eh
had made a fuss over him too — sfido!... tra tanti... E °aveva fatto le feste anche a lui... carino... carino... carino...

said Don Giulio · shaking himself — "Ah!" °fece don Giulio, °scrollandosi tutto dalla nausea, dal ribrezzo, ma pur con un segreto compiacimento che, per Lulù almeno, era come aveva detto lui: che veramente, cioè, sua
take him seriously — moglie non aveva potuto °prenderlo sul serio, e lo aveva ingannato, ecco qua; e non solo, ma anche schernito! anche schernito!

Cavò il fazzoletto e si stropicciò le mani che la bestiola
almost removing his skin — devota gli aveva lambite; se le stropicciò forte forte forte, °fin quasi a levarsi la pelle.

Ma, a un tratto, se lo vide accanto, chiotto chiotto, con le orecchie basse, la coda tra le gambe, quel povero *Liri*, che si era provato a seguir prima la padrona, poi il Toti, poi Lulù e
was following him — che ora infine °aveva preso a seguir lui.

and he also gave it — Don Giulio fu assalito da una rabbia furibonda: gli parve oscenamente scandalosa la fedeltà di quella brutta bestiola, °e le allungò anche lui un violentissimo calcio.

"Va' via!"

Conversazione

A.

1. Chi sono donna Giannetta e il marchese don Giulio del Carpine?
2. In quale situazione li troviamo?
3. Com'è acconciata donna Giannetta?
4. Descrivere il marchese don Giulio del Carpine.
5. Di che cosa stanno parlando don Giulio e donna Giannetta?
6. Che cosa ferisce maggiormente l'orgoglio maschile di don Giulio?
7. Come reagisce donna Giannetta al tradimento del marito, Lulù, con la moglie di don Giulio?
8. Che idea ha don Giulio e perché fino a quel momento era certo che la moglie non l'avrebbe mai tradito?
9. Perché Lulù Sacchi non si curava del tradimento della moglie (Giannetta) secondo don Giulio?

B.

1. Che cosa si propone di fare don Giulio l'indomani mattina con l'indirizzo che gli ha dato donna Giannetta?
2. Perché don Giulio andò a Villa Borghese e cosa vide?
3. In che stato d'animo era Lulù quando don Giulio lo trovò nel portone?
4. Descrivere il cagnolino Liri e le feste che faceva ad entrambi.
5. Che cosa racconta Lulù a don Giulio nei riguardi di Livia?
6. Perché il cagnolino si trova in istrada?
7. Perché Livia non aveva voluto dare a Lulù Sacchi la chiave del quartierino?

C.

1. Perché improvvisamente il cagnolino spiccò la corsa?
2. Descrivere il giovane che don Giulio e Lulù videro uscire dalla porta numero 96.
3. Che reazione ha don Giulio alla vista del giovanotto?
4. Che cosa fa il cagnolino, confuso, e che reazione ha il marchese don Giulio del Carpine verso il cagnolino?
5. Che concetto ha don Giulio di tutte le donne in generale e quali diritti crede di avere come uomo?
6. Discutere questi diritti e dare un parere personale.
7. Quale reazione personale suscita il comportamento di entrambe le donne?
8. Quale altro finale potrebbe avere il racconto?

Dialogo

Volgere in dialogo le seguenti scene:

1. la prima scena fra donna Giannetta e il marchese don Giulio del Carpine fino a quando lei gli dà l'indirizzo di Via Sardegna, 96
2. la seconda parte della prima scena, dopo che don Giulio ha ricevuto l'indirizzo da donna Giannetta
3. l'incontro di don Giulio con Lulù nel portone di Via Sardegna, 96

Esercizi tematici

A. *Trattare i seguenti argomenti oralmente o per iscritto:*

1. la vanità e l'orgoglio ferito del marchese don Giulio del Carpine
2. l'atteggiamento filosofico di donna Giannetta rispetto alla tresca che esiste tra suo marito e la moglie del marchese
3. il concetto che ha il marchese del Carpine della disonestà di tutte le donne in genere, e l'assurdità di un tradimento da parte della propria moglie
4. il carattere innocuo di Lulù come descritto da donna Giannetta
5. la fedeltà del cane verso tutti i personaggi del racconto e come l'interpreta il padrone

B. *Intervistare in qualità di giornalista i personaggi principali di questo racconto, indagando le ragioni psicologiche delle loro azioni. Gli interpreti dei personaggi dovranno immedesimarsi nei loro ruoli e rispondere alle domande del giornalista.*

PERSONAGGI PRINCIPALI

Il Marchese Don Giulio del Carpine
Donna Giannetta
Lulù Sacchi
Marchesa Livia del Carpine
Il Toti

Il Giornalista

C. *Discutere il racconto, sviluppando i seguenti aspetti:*

1. ambiente
2. descrizione dei personaggi
3. rapporti fra i personaggi
4. reazioni del lettore al racconto

D. *Scrivere un componimento sulla superficialità, l'immoralità e la vanità dei personaggi e sull'ambiente sociale del racconto.*

E. *Sviluppare i seguenti punti inerenti al racconto in maniera affermativa o negativa:*

1. Sarebbe stato preferibile che donna Giannetta non avesse rivelato al marchese del Carpine l'infedeltà della moglie.
2. Sarebbe stato logico che il marchese del Carpine avesse accettato la situazione, data la sua tresca con donna Giannetta?

Esercizi di lessico

A. *Comporre una frase per ogni espressione idiomatica qui sotto elencata:*

1. a proposito
2. non tocca a me dirlo
3. chi la fa l'aspetti
4. non si poteva dar pace
5. poteva darsi benissimo
6. sta zitto
7. faceva il galante
8. mio malgrado
9. al buio
10. prese posto
11. un paio di settimane
12. ci restai un poco male

B. *Accoppiare i sostantivi della prima colonna con i verbi appropriati della seconda e formare delle frasi usando per i verbi dei tempi a piacere:*

il cagnolino	acconciarsi
l'orologio	chinare
le spalle	consultare
il capo	togliersi
i capelli	tradire
il convegno	voltare
il dubbio	arrotolarsi
l'infamia	afferrare
la bestiola	avvenire
la chiave	smarrire
l'amante	scoprire
il giovinastro	battere

C. *Accoppiare i sinonimi qui sotto elencati:*

l'affetto	scomparire
il volto	scorgere
il tradimento	afferrare
infiammato	girare
la bestia	il farabutto
mascalzone	l'onta
l'infedeltà	la stanza
l'animale	la vergogna
prendere	l'amore
sparire	vedere
la faccia	eccitato
la camera	voltare

Disegno di L. Bistolfi per la prima edizione dei *Colloqui* di Guido Gozzano (1912).

Esercizi di grammatica

A. *Mettere i verbi delle seguenti frasi al futuro, al condizionale, all'imperfetto, al passato prossimo, al passato remoto e al trapassato prossimo (v. MGI pp. 76, 142, 91, 95, 116, 91):*

1. La povera bestiola è presa da una subita gioia, si lancia sulle gambe del padrone dimenandosi, incomincia a smaniare, si allunga tutta e poi fa un salto e si arrotola per terra.
2. Il marchese gira assorto per i viali dove lo portano i piedi; a un certo punto consulta l'orologio e si affretta a tornare indietro.
3. Donna Giannetta ride forte, a lungo; ride altre volte, a scatti mentre finisce di vestirsi, per le comiche immagini che le suscita il pensiero di lui, suo marito scultore, in una scuola di nudo.

B. *Formare delle brevi frasi con i seguenti verbi, alternando i tempi:*

ESEMPIO: riempire

pres.	Io *riempio* i bicchieri.
imperf.	Tu *riempivi* le scatole tutte le mattine.
pass. rem.	Quel giorno egli *riempì* il sacco di pietre.
fut.	Domani noi *riempiremo* la stanza di mobilio.
cond. pres.	Voi *riempireste* la casa di mosche.
pass. pross.	La settimana scorsa *hanno riempito* la casa di fiori.
trap. pross.	Io *avevo riempito* il fiasco di vino.
cond. pass.	Tu *avresti riempito* il vuoto in questa casa.
cong. pres.	Donna Giannetta non permette che egli *riempia* il bicchierino di liquore.
cong. imp.	Egli non permetteva che noi *riempissimo* la stanza di fumo.

VERBI

1. togliere
2. vendicarsi di
3. stringere
4. smarrire
5. lanciare
6. punire

C. *Mettere i verbi delle seguenti frasi al congiuntivo presente e passato (v. MGI pp. 148 e seg.) anteponendo l'espressione* È inconcepibile che noi:

1. affrettarsi a rispondere
2. vederne la logica
3. dibattersi per sì stupida causa
4. acquistare un palazzo a due piani
5. prendersi sul serio
6. ripetere che tutto va bene

D. *Mettere i verbi delle frasi dell'esercizio C al congiuntivo imperfetto e trapassato (v. MGI pp. 148 e seg.) anteponendo l'espressione* Era inconcepibile che io.

E. *Formare delle frasi con le seguenti espressioni avverbiali, usando al congiuntivo (v. MGI pp. 148 e seg.) i verbi indicati:*

1. prima che
2. dopo che
3. finché
4. benché
5. senza che
6. nonostante che
7. purché
8. come se

1. fermarsi
2. rincasare
3. concedere
4. distrarre
5. stringere
6. carezzare
7. ragionare
8. scrollarsi

POESIA

A lyric poem is intensely personal. It is the expression of the poet's internal world, which arouses a particular emotion or effect in the reader. Most of us cannot express our feelings poetically. Therefore, it is a delight to discover that a poet, of whatever culture, has succeeded in distilling for us ideas, emotions, sensations, attitudes, insights, experiences, feelings, and sentiments which we did not know we had, or which we lacked the words to describe.

Poetry in a language other than our native tongue can be particularly exciting for us when we discover its new sounds, rhythms, musicalities, and significance, since the language of poetry is intense and compressed. One word may stand for many things and thus evoke many images. Through the skillful use of words, poets interpret their experiences imaginatively, discovering new relations between internal and external factors and thereby revealing to us a new vision of our role in the world.

Characteristically the poet speaks to himself and "explores his association and his sensory responses in themselves and for themselves," yet he touches us deeply, as if we were speaking to ourselves. The themes, the forms, the styles, and the techniques are personal and distinctive, yet the poet's intuitive, symbolic vision of the world will consistently bring us into contact with our deepest feelings and emotions.

Terminologia

alliteration	allitterazione *f.*
assonance	assonanza
ballad	ballata, canzone *f.*
canticle	cantico
classic poetry	poesia classica
collection of poetry	canzoniere *m.*
elegy	elegia
epic poem	poema epico
free verse	verso libero
heroic poem	poema eroico
iambic verse	verso giambico
image	immagine *f.*
inspiration	ispirazione *f.*
lyric poetry	poesia lirica
madrigal	madrigale *m.*
meter	ritmo
metrics	metrica
muse	musa
musicality	musicalità
octave	ottava
ode	ode *f.*
onomatopoeia	onomatopea
pastoral poem	poema pastorale *m.*
poem	poesia, poema *m.*
poet	poeta *m.*, poetessa
poetic	poetico
poetic inspiration	estro poetico, ispirazione *f.*
poetic license	licenza poetica
poetics	poetica
quatrain	quartina
rhythm	ritmo
rhythmic accent	accento ritmico
romantic poetry	poesia romantica
satirical poem	poema satirico, poesia satirica
sonnet	sonetto
sestine	sestina
strophe	strofa
style	stile *m.*
syllable	sillaba
tercet, triplet	terzina
verse	verso

Alfonso Gatto

ALFONSO GATTO (1909-1976) nacque a Salerno; ebbe una giovinezza burrascosa. Lasciò gli studi universitari e dopo vari impieghi si dedicò al giornalismo. Nel 1939 gli fu assegnato il 'Premio Savini' per la poesia. Divenne poi professore di lettere presso il 'Liceo Artistico di Bologna'. I suoi versi si distinguono per la loro musicalità. Contribuì validamente alla corrente ermetica. Morì in un incidente automobilistico nelle vicinanze di Roma. Fra le sue opere più note: *Isola*, *Amore della vita*, *La spiaggia dei poveri*, *La sposa bambina*, *La °coda di paglia*, *La forza degli occhi*, e *Il capo sulla neve*.

chip on his shoulder

AMORE

Nella sera armoniosa che rivela
°favole calme e °sogni al mio passato
l'amore così timido mi °svela
°desideri °perduti, quasi il °fiato

fables · dreams
reveals
desires · lost · breath

delle prime parole in cui °si vela
°idillio eterno il mondo immaginato.
O di silenzio calda già °s'inciela
la °rondine nel °volo e °l'incantato

concealed
idyl
flies into the sky
swallow · flight · enchanted

°fanciullo °lascia a °scorgere serena
la notte che all'°oriente °s'allontana.
E del mio cuore °nulla saprò dire

child · lets · discern
east · fades away
nothing

ad altri °mai, fu tenero ed °in piena
di sua °pietà °travolto °lasciò vana
memoria al tempo, un sogno di morire.

ever · fully
compassion · overtaken · he left

Domande

1. La "sera armoniosa" è una metafora che il poeta usa per descrivere la sua tarda età o è un'immagine descrittiva della natura?
2. Cosa rivela al poeta la sera armoniosa e quali sensazioni gli evoca?
3. Nel suo mondo immaginario il fanciullo come concepisce l'amore?
4. Nel ricordo del poeta, chi è il fanciullo incantato e come presenta il fluire del tempo?
5. A che cosa lo costringe la sua sensibilità?
6. Perché, travolto dai suoi sentimenti di pietà, il poeta rimandò 'al tempo' il suo 'sogno di morire'?

Sergio Corazzini

ill health
his brief life
he worked in a climate of revolt
twilight poetry (literary period)

SERGIO CORAZZINI (1886-1907) nacque a Roma. Esile, di °malferma salute, visse vent'anni e passò °la sua breve vita consumato dalla tisi e dalla passione per la poesia. °Operò in un'atmosfera di rivolta e di rinnovamento letterario che condusse alla cosiddetta °poesia crepuscolare. Morì in un sanatorio a Nettuno. Fra le sue opere più note: *Amaro calice, Le Dolcezze, Elegia, Le aureole, Piccolo libro inutile, Poemetti di prosa* e *Liriche*.

A LA SORELLA

pain · throbbing

Tu che non hai per la tua °doglia °viva
una madre serena che consoli,

garden · sunflowers
spring

un °orto dolce con i °girasoli
e il canto di una limpida °sorgiva,

having been lit
would pray
suffer

tu che, °accesa una lampada votiva,
°pregavi per i tuoi fratelli soli
e per la doglia di che tu ti °duoli
la bocca non ad implorar s'apriva,

knock
let · feel · throb

tu che mi sei tristissima sorella,
°batti alla porta del mio cuore vano,
°lascia che io °senta il tuo cuore °tremare

newer
above · tears

nel mio come una stella in una stella
per un cielo °più novo e più lontano
°sovra il °pianto degli uomini e del mare.

Domande

1. Secondo il poeta, cosa manca alla sorella?
2. Come esprimeva ella il suo altruistico affetto per i fratelli?
3. In che modo vorrebbe il poeta avvicinarsi alla sorella?
4. Cosa dice il poeta alla sorella e che cosa vogliono significare i suoi ultimi versi?

Camillo Sbarbaro

Camillo Sbarbaro (1888-1967), nacque a Santa Margherita Ligure. Ancora studente pubblicò il suo primo libro di versi. °In seguito collaborò a riviste e a periodici letterari, ma la sua carriera fu interrotta dalla prima guerra mondiale alla quale partecipò nei reparti della Croce Rossa. Visse quasi sempre a Genova, insegnando il greco. Notevole il suo contributo quale traduttore di grandi scrittori, come Sofocle, Stendhal, Flaubert e Huysman. Le sue opere più note includono: *Resine, Pianissimo, Trucioli, Liquidazione, Rimanenze, Primizie, Fuochi fatui,* e *Scampoli.* Morì a Spotorno.

later

PADRE SE ANCHE TU NON FOSSI IL MIO

Padre, se anche tu non fossi il mio
padre, se anche fossi a me un estraneo,
°per te stesso °egualmente t'amerei.   *for yourself · the same*
Ché mi ricordo d'un °mattin d'inverno   *morning*
che la prima °viola sull'°opposto   *violet · opposite*
muro °scopristi dalla tua finestra   *discovered*
e ce ne °desti la °novella allegro.   *gave · news*
Poi la scala °di legno °tolta in spalla   *wooden · placed on his shoulder*
di casa °uscisti e °l'appoggiasti al muro.   *went out · leaned it*
Noi °piccoli stavamo alla finestra.   *children*

E di quell'altra °volta mi ricordo   *time*
che la sorella mia piccola °ancora   *still*
per la casa °inseguivi °minacciando   *chased · threateningly*
(la °caparbia °avea fatto non so che).   *stubborn one · had done*
Ma °raggiuntala che strillava forte   *having reached her*
dalla paura °ti mancava il cuore: *you didn't have the heart*
°ché avevi visto te °inseguir la tua   *because · chase*
piccola figlia, e °tutta spaventata   *very frightened*
tu °vacillante °l'attiravi al °petto,   *hesitating · drew her · bosom*
e con °carezze dentro le tue braccia   *caresses*
°l'avviluppavi come per °difenderla   *you enveloped · save her*
da quel cattivo °ch'era il tu di prima.   *which was*

Padre, se anche tu non fossi il mio
padre, se anche fossi a me un estraneo,
fra tutti quanti gli uomini °già tanto
pel tuo cuore fanciullo t'amerei.

so much

Domande

1. Cosa vuol dire il poeta con i primi due versi di questa poesia?
2. Con quale ricordo d'infanzia inizia i suoi versi il poeta?
3. Descrivere l'episodio del padre con la sorellina.
4. Perché il padre stringe la bambina al cuore invece di picchiarla?
5. Quale immagine ha di sé il padre?
6. Quali sentimenti affettuosi evocano questi ricordi del padre nel poeta?
7. Quali riflessioni ispirano questi versi?

Copertina del primo volume delle poesie
di UMBERTO SABA nella collezione
'Lo Specchio' della Mondadori (1949).

SALVATORE QUASIMODO riceve il Premio Nobel
da Re Gustavo VI di Svezia
(Stoccolma, 1957).

Giovanni Cecchetti

GIOVANNI CECCHETTI (1922-), nato a Pescia (Toscana), ha frequentato l'università di Firenze laureandosi in lettere. Ha organizzato e diretto per molti anni programmi di studi italiani presso alcune delle maggiori università americane. È stato specialmente attivo in qualità di professore presso l'Università di Tulane a New Orleans, l'Università di California a Berkeley e a quella di Los Angeles ove insegna tuttora. È scrittore prolifico, saggista, critico, e poeta d'avanguardia. Si autodefinisce 'Missionario della cultura italiana'. Fra le sue opere più note: *La poesia del Pascoli, Leopardi e Verga, Il Verga maggiore, Diario nomade, Giovanni Verga, Impossibile scendere, Nel cammino dei monti* e *Il villaggio degli inutili*.

SCHERZO

Se nel mezzo ai clamori del campus
°ti venisse incontro   *if you were to meet*
°il te stesso d'allora,   *yourself of then*
lo potresti tu mai °riconoscere?   *recognize*

E se ti venisse incontro
il te stesso di domani?

E potresti forse riconoscere
quello di oggi,
se apparisse °improvviso cogli °occhiali   *suddenly · eye glasses*
°svelto di °passo e coi capelli °vuoti?   *quick · step · sparse*

Io vidi un giorno due °candele °insieme.   *candles · together*
Una si °scioglieva piano   *was melting*
al °calore dell'altra—   *heat*
che pur non era accesa.

Sarà stata il te stesso °d'ieri,   *of yesterday*
o quello d'oggi?

Domande

1. Perché il poeta dubita di poter riconoscere se stesso nei vari periodi della sua vita?
2. Che cosa simboleggiano le due candele?
3. Perché l'una si strugge accanto all'altra che pur è spenta?

VINCENZO CARDARELLI.

ADA NEGRI.

OGGI

Oggi la vita è il colore
dei tuoi capelli, il mare
sinuoso dei tuoi occhi.
Ma potrò mai
reach °raggiungere i coralli
fluttering · depth °alianti nel °fondo, per cui
buzzing sento il costante °ronzìo
humming-bird · spying di °colibrì °spiante
peach tree da foglie giovani di °pesco?

Domande

1. Con quali immagini pittoriche il poeta esprime il suo amore?
2. Che significato personale ha per il poeta l'irraggiungibile fondo del mare coi suoi coralli ondulanti?
3. Come esprime il poeta il suo angoscioso desiderio d'amore nella personificazione del colibrì che spia dal pesco?

Ada Negri

ADA NEGRI (1870-1945) nacque a Lodi (Lombardia). Nei suoi anni giovanili cantò i suoi sentimenti sociali e inneggiò all'amore e alla maternità. Fra le sue rime più note di questo periodo troviamo: *Banalità, Tempeste, Maternità* e *Dal Profondo*. Poi nei suoi anni maturi la sua poesia si arricchì di una marcata sensibilità psicologica e drammatica. La raccolta di *Mara* è considerata la sua opera migliore. In seguito pubblicò *Vespertina, Il Dono* e *Fons Amoris*. Si spense a Milano.

PREGHIERA ALL'ALBA

°Saluta all'alba il ritornante sole	*greet*
come il più grande °bene a te °concesso,	*gift · bestowed*
o creatura °del sentirti in vita	*for feeling alive*
°ringrazia il giorno: il °dolor vecchio e il nuovo	*thank · sorrow*
°riprendi °a lato, pallidi compagni	*bring back · to your side*
ma forti, e °dolci della °sapienza	*kindly · knowledge*
che °sol viene col °pianto; e va con Dio	*only · tears*
per la tua strada. Qualche °volto forse	*face*
incontrerai, che ti °sorrida, stanco	*smiles*
°al par del tuo, °clemente °al pari, °quale	*as yours · kind · equally · as*
°di chi tutto °sofferse e a tutto °indulge	*of him who · suffered · forbears*
nel mondo: °basti quel °sorriso a farti	*may it be enough · smile*
°lieve °l'andar, °sino alla prima stella.	*easy · the going · up to*

Domande

1. Perché la poetessa ci invita a salutare il sole?
2. Qual è il concetto del dolore espresso in questi versi?
3. Chi potremmo incontrare sulla nostra via?
4. Con quale augurio conclude questi versi la poetessa?
5. A che cosa allude la poetessa con 'la prima stella'?

DOMANI

<table>
<tr><td>to lead me · towards</td><td>Domani è aprile, e tu verrai per °condurmi °incontro all'ultima primavera</td></tr>
<tr><td>from where · without · suffering</td><td>°Donde verrai, come verrai, non so; ma °senza °soffrire potrò rivederti.</td></tr>
<tr><td>gentle
side</td><td>°Soave sarà nella tua la mia mano, soave il mio passo al tuo °fianco.</td></tr>
<tr><td>innocent mirror</td><td>Occhi d'infanzia i nostri, °a specchio innocente del nuovo miracolo verde.</td></tr>
<tr><td>gardens · orchards · bare-headed
buds</td><td>Andremo per °orti e °frutteti, °a capo scoperto nel sole, senza far male ai santi °germogli.</td></tr>
<tr><td>tip-toe · fear · break off · branches
pink · butterflies (blossoms)
anxious · breathless · disturb
dream</td><td>In °punta di piedi, per °tema si °stacchin dai °rami le °rosee °farfalle dei peschi,
e °trepida e °senza respiro, per non °turbar pur con l'aria i fiori dell'ultimo °sogno.</td></tr>
<tr><td>flesh · nothing · will be
pain</td><td>E di quello che fu della °carne, °nulla °verrà ricordato.
E di quello che fu del °dolore, nulla verrà ricordato.</td></tr>
<tr><td>will fill with songs</td><td>E quello che è della vita eterna °farà pieno di canti il silenzio.</td></tr>
<tr><td>space · barely touching earth
wings
lighter</td><td>Non io tua, non tu mio: dello °spazio, °radendo la terra con °ali invisibili,
sempre °più lievi nell'aria, sempre più immersi nel cielo,</td></tr>
<tr><td>until · envelops · sepulchers</td><td>°fino a quando la notte ci °assume ai suoi vasti °sepolcri di stelle.</td></tr>
</table>

Domande

1. Che cosa simboleggia l'ultima primavera per la poetessa?
2. Chi le verrà incontro al trapasso e che cosa farà?
3. Quali visioni rivivrà al momento estremo?
4. Che cosa svanirà lassù?
5. Come avverrà l'ascesa al cielo e dove condurrà?
6. È accettabile il concetto simbolico della poetessa sulla morte, e perché?

Salvatore Quasimodo

SALVATORE QUASIMODO (1901-1968), nacque a Siracusa (Sicilia); ebbe
una giovinezza irrequieta e difficile °tanto da esser costretto ad inter-   *so as to be obliged*
rompere i suoi studi. Nel 1921 si trasferì a Roma e poi in altre parti
d'Italia °in qualità di funzionario del Genio Civile. Si stabilì °infine a   *as an official of the Corps of En-*
Milano dove insegnò letteratura italiana al Conservatorio di Musica.   *gineers · finally*
Nel 1959 ottenne l'ambito 'Premio Nobel'. Fra le sue opere poetiche
più note: *Acque e terre, Oboe sommerso, Odore di eucaliptus ed altri versi,*
Erato e Apollion, Ed è subito sera, Giorno dopo Giorno, La vita non è sogno,
Il falso e il vero verde e *La terra impareggiabile*.

È inoltre noto per aver tradotto i lirici greci, Catullo, la Sacra Scrittura (Il Vangelo di San Giovanni) e Shakespeare.

ORA CHE SALE IL GIORNO

Finita è la notte e la luna
si °scioglie °lenta nel °sereno,   *dissolves · slow[ly] · serenity*
°tramonta nei canali.   *sets*

È così °vivo settembre in questa terra   *alive*
di °pianura, i °prati sono verdi   *plains · fields*
come nelle valli del sud a primavera.
Ho °lasciato i compagni,   *left*
ho °nascosto il cuore dentro le vecchie °mura,   *hid · walls*
per °restare solo a °ricordarti.   *remain · remember you*

Come sei °più lontana della luna,   *farther away*
ora che °sale il giorno   *breaks*
e sulle °pietre °batte il piede dei cavalli!   *cobble-stones · treads*

Domande

1. Cosa avviene quando finisce la notte?
2. Cosa dice il poeta di 'questa terra' e a che cosa la paragona?
3. Cosa simboleggiano 'le vecchie mura'?
4. Che cosa avviene quando sale il giorno?
5. Quali riflessioni destano questi versi?

GIÀ LA PIOGGIA È CON NOI

Già la pioggia è con noi,

stirs   °scuote l'aria silenziosa.

swallows · skim   Le °rondini °sfiorano le acque spente

on · little lakes   °presso i °laghetti lombardi,

fly · seagulls   °volano come °gabbiani sui piccoli pesci;

hay · beyond · enclosures   il °fieno odora °oltre i °recinti degli orti.

Ancora un anno è bruciato,

cry   senza un lamento, senza un °grido

upraised · win · suddenly   °levato a °vincere °d'improvviso un giorno.

Domande

1. Come viene presentata la pioggia in questa scena campestre? Che effetto ha?
2. Cosa fanno le rondini?
3. Quale odore impregna l'aria e da dove giunge?
4. Vi è stato qualcosa che ha interrotto la monotonia dell'anno ch'è passato?
5. Quale aspetto personale ha per noi la monotonia della vita?

NESSUNO

child   Io sono forse un °fanciullo

dead   che ha paura dei °morti,

ma che la morte chiama

release   perché lo °sciolga da tutte le creature:

i bambini, l'albero, gli insetti;

sadness   da ogni cosa che ha cuore di °tristezza

gifts   perché non ha più °doni

dark   e le strade son °buie,

e più non c'è nessuno

weep   che sappia farlo °piangere

Lord   vicino a te, °Signore.

Domande

1. A che cosa si riferisce il titolo di questa poesia?
2. Perché dice che è un fanciullo il poeta?
3. Perché sembra desiderare la morte?
4. Perché i bambini, l'albero, gli insetti hanno un cuore di tristezza?
5. Perché si sente così solo il poeta?
6. Che effetto personale provoca su di noi la solitudine?

Vincenzo Cardarelli

VINCENZO CARDARELLI (1887-1959) nacque a Corneto (Tarquinia). Frequentò soltanto le scuole elementari, ma si creò una cultura propria, dedicandosi particolarmente e con entusiasmo allo studio della filosofia. A Roma, dopo vari mestieri, intraprese la carriera di giornalista. Trasferitosi a Firenze, pubblicò i suoi primi scritti e fondò la rivista *La Ronda* °diretta a dare nuovo impulso e vigore alla letteratura di quel periodo. Dal 1949 fu direttore de *La fiera letteraria*. Morì a Roma. Le sue opere più note sono: *Viaggi nel tempo, Terra genitrice, Solitario in Arcadia, Il sole a picco* e *Parliamo dell'Italia*.

°aimed at giving

ESTIVA

Distesa estate,	
°stagione dei densi °climi	*season · climates*
dei °grandi °mattini	*long · mornings*
°dell'albe senza °rumore—	*dawns · noise*
°ci si risveglia come in un acquario—	*we reawaken*
dei giorni identici, astrali,	
stagione la meno °dolente	*painful*
°d'oscuramenti e di crisi,	*of the darkness*
°felicità degli °spazi,	*joy · spaces*
nessuna °promessa °terrena	*promise · earthly*
può dare pace al mio cuore	
quanto la °certezza di sole	*certainty*
che dal tuo cielo °trabocca,	*overflows*
stagione estrema, °che cadi	*who fall*
prostrata in °riposi enormi,	*rests*
°dai °oro ai più vasti sogni,	*you give · gold*
°stagione che porti la luce	*season, you who make the light*
°a distendere il tempo	*extend the time*
°di là dai °confini del giorno,	*beyond · limits*
e °sembri mettere °a volte	*you seem · at times*
°nell'ordine che procede	*in the order*
qualche cadenza °dell'indugio eterno.	*of the lingering*

Domande

1. Come descrive la stagione estiva il poeta?
2. In che senso è usato il termine 'acquario' in questi versi?
3. Quali sensazioni evoca la stagione estiva?
4. Com'è presentato il tempo della stagione estiva, e perché?
5. Perché l'estate dà l'illusione dell'indugio eterno?

Corrado Govoni

CORRADO GOVONI (1884-1965) nacque a Tamara (Ferrara) da famiglia di agricoltori. Si dedicò precocemente alla poesia. Fu influenzato inizialmente dai crepuscolari e in particolar modo da Corazzini. °Fece parte più tardi del movimento letterario detto 'Futurismo'. Vinse molti premi per le sue opere ricche di immagini fantasiose. Durante l'occupazione nazista a Roma, il figlio Aladino °fu fucilato alle fosse Ardeatine. Il poeta lo immortalò con un libro di versi intitolato *Aladino*. Fra le sue opere più note: *Armonia in grigio ed in silenzio*, °*Fuochi d'artifizio*, *Poesie elettriche*, *La neve*, *Immaginazione della primavera*, *Brindisi alla morte*, *Il quaderno dei sogni e delle stelle*, *Il flauto magico*, *Pellegrino d'amore*, *Preghiera al trifoglio*, *Manoscritto nella bottiglia* e *Stradario della primavera*. Morì a Roma.

he was part of — °Fece parte
was shot — °fu fucilato
fireworks — °Fuochi d'artifizio

L'AUTUNNO

lasts	°Dura un poco, nell'aria, così triste
swallows	questo odore di °rondini
mingles	che si °confonde con l'odore
crackling	°scricchiolante dei primi fuochi...
oxen · fog	Freddi °buoi di °nebbia
banks	camminano sugli °argini
purple · (wild plant)	tra i calici °violacei del °colchico...
light · to have taken refuge	Tutta la °luce sembra °rifugiata
entanglement · furrows	nella °matassa di °solchi
plowed field	°dell'aratura.
juice · vat	Tutto il °sugo dell'anno è dentro il °tino.
piles · corn cobs · thresher	E i °mucchi di °pannocchie sopra °l'aie
golden	sembrano i semi °d'oro
	del sole a cui con mani pazze
	per disperazione d'amore
pulled out	hanno °cavato gli occhi le ragazze.

Domande

1. Che cosa accade in autunno nelle campagne?
2. Descrivere l'immagine dei buoi.
3. Dove pare che si concentri la luce?
4. Perché il 'sugo' dell'anno è nel tino?
5. Quale immagine inerente alle pannocchie evoca il poeta?
6. Come interpreta il poeta il togliere i chicchi dalle pannocchie?
7. Quali reazioni personali provocano questi versi, e quali ricordi?

Eugenio Montale

EUGENIO MONTALE (1896-1981) nacque a Genova e si spense a Milano il 12 settembre 1981. Fu poeta, pittore, musicista. Durante la prima guerra mondiale fu ufficiale di fanteria. Nel 1922, unitamente ad altri scrittori, fondò a Torino la rivista *Primo tempo*, che, sebbene di breve durata, ebbe una notevole importanza letteraria. Nel 1927 divenne direttore del *Corriere della Sera* di Milano. Montale è considerato uno dei maggiori poeti moderni. Nel 1959 ricevette il prestigioso 'Premio Nobel'. È anche noto nel campo delle traduzioni letterarie che comprendono opere di Cervantes, Melville, Marlowe, Shakespeare e vari autori americani. Fra le sue più importanti raccolte di poesie e prose: *Ossi di seppia, Casa dei doganieri ed altri versi, Le occasioni, Finisterre, La bufera ed altro* e *La farfalla di Dinard*.

MAESTRALE

S'è rifatta la calma
nell'aria: tra gli °scogli °parlotta la °maretta.   *rocks · mumbles · low tide*
Sulla costa quietata, nei °broli, qualche palma   *orchards*
°a pena °svetta.   *just · clipped*

Una °carezza °disfiora   *caress · skims*
la linea del mare e la °scompiglia   *ruffles*
un °attimo, °soffio °lieve che vi °s'infrange e ancora   *instant · puff · light · shatters*
il °cammino °ripiglia.   *path · takes up again*

°Lameggia nella °chiaria   *shines · dim light*
la vasta °distesa, °s'increspa, indi si °spiana beata   *expanse · ripples · smothers*
e °specchia nel suo cuore vasto °codesta povera mia   *reflects · this*
vita °turbata.   *sorrowful*

O mio °tronco che °additi,   *body · you point*
in questa °ebrietudine °tarda,   *exhilaration · late*
ogni °rinato aspetto coi tuoi °raccolti °diti   *reborn · curled-up · fingers*
°protesi °in alto, guarda: *extended*

sotto l'azzurro °fitto   *dense*
del cielo qualche uccello di mare se ne va;
né °sosta mai: °ché su tutte le cose pare sia scritto: *pause · because*
"più in là"!

Domande

1. Come ha sconvolto la natura il Maestrale?
2. Che cosa fa il soffio lieve del vento?
3. Che cosa avviene dopo il Maestrale, e come si riflette sulla vita del poeta?
4. A che cosa si paragona il vecchio poeta, e quali sono i suoi sentimenti descrivendo la natura?
5. Quale significato simbolico hanno per il poeta gli uccelli che se ne vanno?

Umberto Saba

UMBERTO SABA (1883-1959) nacque a Trieste, di origine semitica. Da giovanissimo si dedicò al commercio che poi lasciò per °darsi alle lettere, collaborando saltuariamente a varie riviste e giornali. Non fece mai parte del mondo letterario dei suoi tempi, °rimanendo in disparte nella sua città natale. L'originalità e l'individualità dei suoi versi attirarono l'attenzione del mondo letterario del °dopoguerra. Il suo *Canzoniere*, che raccoglie le poesie della sua giovinezza fino al 1921, ci dà un quadro autobiografico della sua vita. Altre opere includono: *Coi miei occhi, Cose leggiere e vaganti, Preludio e canzonette, Tre composizioni, Autobiografia, I prigioni, Figure e canti, Preludio e fughe, Parole, Ultime cose, Scorciatoie e raccontini, Mediterranee, Storia e cronistoria del canzoniere, Uccelli, quasi un racconto* e *Epigrafe–ultime prose*.

dedicate himself to the field of letters
keeping himself apart

the postwar period

LA CAPRA

Ho parlato a una capra.
Era °sola sul °prato, era °legata.
°Sazia °d'erba, °bagnata
dalla °pioggia, °belava.

Quell'°uguale °belato era °fraterno
al mio °dolore. Ed io °risposi, prima
°per celia, poi perché il dolore è eterno,
ha una voce e non °varia.
Questa voce °sentivo
°gemere in una capra solitaria.

In una capra °dal viso semita
sentivo °querelarsi ogni altro °male,
ogni altra vita.

alone · meadow · tied
satiated · of grass · wet
rain · was bleating

monotonous · bleat · fraternal
pain · answered
in jest
change
heard
lament

with a semitic face
bemoan · misfortune

Domande

1. Come descrive la capra il poeta?
2. Cosa lo colpì nell'uguale belato della capra?
3. Che cosa gli comunicava il gemere continuo e monotono della capra?
4. Perché dice che la capra ha il viso semita?
5. Che cosa rappresenta il belato della capra per il poeta?

Marradi, città natale del poeta toscano DINO CAMPANA.

LA GATTA

La tua gattina è diventata magra.
Altro °male non è il suo che d'amore: *malady*
male che alle tue °cure la consacra.   *care*

Non °provi un'°accorata °tenerezza?   *feel · disheartened · tenderness*
Non la °senti vibrare come un cuore   *feel*
sotto alla tua °carezza?   *caress*
Ai miei occhi è perfetta
come te questa tua °selvaggia gatta,   *savage*
ma come te ragazza
e °innamorata, che sempre °cercavi,   *in love · searched*
che senza pace qua e là °t'aggiravi,   *you wandered*
che tutti dicevano: "È pazza".

È come te ragazza.

Domande

1. Perché la gattina attira le cure della sua padrona?
2. Come dovrebbe reagire la padrona all'amore della gattina?
3. In che modo il poeta paragona la ragazza alla gatta?
4. Come esprime il suo amore la ragazza?
5. Quali esperienze personali rievoca nel lettore questa poesia?

Guido Gozzano

GUIDO GOZZANO (1883-1916) nacque a Torino. Si laureò in giurispru-
denza. Le sue rime esprimono i disinganni e le amarezze della sua
triste esistenza minata dalla tisi. I suoi versi rivelano il costante incubo di una morte prematura. La sua prima opera *La via del rifugio* lo
rivelò poeta nuovo e gli portò i primi successi letterari. Recatosi in
regain his health India in cerca di sole per potersi °rimettere in salute, scrisse una delle
sue più importanti opere, *Verso la cuna del mondo*. Come il suo amico
Sergio Corazzini, appartenne alla corrente dei poeti crepuscolari. Fra
le sue opere più note: *I colloqui*, *I tre talismani*, *La principessa si sposa*,
L'altare del passato e *L'ultima traccia*. Morì a Torino.

SALVEZZA

Vivere cinque ore?

ages Vivere cinque °età?...

blessed · drowsiness °Benedetto il °sopore

will put me to sleep che °m'addormenterà...

enjoyed · awakening Ho °goduto il °risveglio

soul · light-hearted dell'°anima °leggera:

meglio dormire, meglio

evening (old age) prima della mia °sera.

for · return °Poi che non ha °ritorno

laughter · morning adj. il °riso °mattutino.

beauty La °bellezza del giorno

è tutta nel mattino.

Domande

1. Quale fenomeno ossessiona il poeta?
2. Cosa vuol indicare il poeta col primo verso di questa poesia?
3. Perché desidera dormire prima della sua sera?
4. A che cosa allude il poeta con il 'riso mattutino'?
5. Perché, per questo poeta crepuscolare, 'la bellezza del giorno è tutta nel
   mattino'?
6. Quali riflessioni suscita in noi il pessimismo del poeta?

Villa Meleto, dove GUIDO GOZ-
ZANO trascorse diverse estati
scrivendo poesie.

LA DIFFERENZA

Penso e °ripenso:—°Che mai pensa °l'oca   *I think again · whatever · goose*
°gracidante alla °riva del canale?   *croaking · bank*
°Pare °felice! Al °vespero invernale   *it seems · happy · twilight*
°protende il °collo, °giubilando °roca.   *extends · neck · jubilant · quacks*

Salta °starnazza si °rituffa °gioca: *flutters · dives again · plays*
Né certo °sogna d'essere mortale   *dreams*
né certo sogna il °prossimo °Natale   *approaching · Christmas*
né °l'armi °corruscanti della °cuoca.   *weapons · shining · cook*

—O °papera, mia candida sorella,   *goose*
tu insegni che la Morte non esiste:
solo si muore da che s'è pensato.

Ma tu non pensi. La tua sorte è bella!
Ché l'esser cucinato non è triste,
triste è il °pensare d'esser cucinato.   *thought*

Domande

1. Qual è la differenza tra l'uomo e l'oca a cui allude il poeta?
2. Che cosa fa l'oca al vespero invernale?
3. Che fine attende l'oca a Natale, e perché ne è ignara?
4. Che cosa insegna all'uomo l'oca?
5. Quando si muore veramente, secondo il poeta?

Aldo Palazzeschi

ALDO PALAZZESCHI (1885-1974) nacque a Firenze, dove frequentò le scuole commerciali. Le sue opere furono pubblicate nella rivista d'avanguardia *La Voce*. °Aderì, per qualche anno, alla nascente 'corrente del futurismo' °che andava divulgandosi in Italia agli inizi del ventesimo secolo. Finì per dedicarsi quasi esclusivamente all'attività narrativa e nel 1948 vinse il 'Premio Viareggio' per il suo romanzo *I fratelli Cuccoli*. Le sue opere poetiche sono frutto esclusivo della sua giovinezza. Le più note sono: *I cavalli bianchi, Lanterna, Poemi, L'incendiario, Poesie, Difetti, Sorelle Materassi* e *Viaggio sentimentale*.

he adhered for a few years to ·
that was spreading

CHI SONO?

Son forse un poeta?

°No, certo. — *certainly not*

Non scrive che una parola, °ben strana, — *very*

la penna dell'°anima mia: — *soul*

"°follia". — *folly*

Son °dunque un °pittore? — *therefore · painter*

Neanche.

Non ha che un colore

la °tavolozza dell'anima mia: — *palette*

"malinconia".

Un °musico, allora? — *musician*

Nemmeno.

Non c'è che una °nota — *note*

nella °tastiera dell'anima mia: — *keyboard*

"nostalgia".

Son dunque... che cosa?

Io metto una °lente — *magnifying glass*

°davanti al mio cuore — *in front of*

per °farlo vedere alla gente. — *to show it*

Chi sono?

Il °saltimbanco dell'anima mia. — *tumbler (clown)*

Domande

1. Perché l'autore dice di non essere un poeta?
2. Perché non è un pittore?
3. Per quale ragione non è neanche musico?
4. Come presenta se stesso il poeta?
5. Il termine 'saltimbanco', in che senso è usato dal poeta in questo contesto?
6. Siamo tutti un po' saltimbanchi nella vita, e perché?

Dino Campana

DINO CAMPANA (1885-1932) nacque a Marradi (Toscana). Ebbe un'in-
fanzia triste e difficile. Studiò chimica °presso l'Università di Bologna   *at the University*
ma °non conseguì la laurea. Fin dagli anni giovanili si manifestò la   *he did not obtain a degree*
sua malattia mentale. Fu messo più volte in prigione e in manicomio.
Visse un'esistenza tormentata e nei momenti di lucidità scrisse raccolte di versi considerati fra i più belli del ventesimo secolo. Morì nel
manicomio di Castel Pulci, dove trascorse gli ultimi quattordici anni
della sua vita. Fra le sue opere più note: *Canti orfici ed altri scritti*
e *Inediti*.

POESIA FACILE

Pace non cerco, guerra non sopporto
Tranquillo e solo vo pel mondo in sogno
Pieno di °canti °soffocati. °Agogno   *lyrics · stifled · I long for*
La °nebbia ed il silenzio in un gran porto.   *fog*

In un gran porto pien di °vele °lievi   *sails · light*
Pronte a °salpar per l'orizzonte azzurro   *to sail*
Dolci ondulando, mentre che il °sussurro   *whisper*
Del vento passa con accordi brevi.

E quegli accordi il vento se li porta
Lontani sopra il mare °sconosciuto.   *unknown*
Sogno. La vita è triste ed io son solo.

O quando o quando in un mattino ardente
L'anima mia si °sveglierà nel sole   *shall awaken*
Nel sole eterno, libera e °fremente.   *quivering with excitement*

Domande

1. Perché il poeta non cerca la pace?
2. Come va per il mondo il poeta?
3. Perché sogna la nebbia e il silenzio?
4. Che scena descrive la poesia?
5. Qual'è la realtà della vita del poeta?
6. Come illustra la morte?
7. Quali pensieri traspaiono da queste rime?
8. Quali riflessioni si fanno nel leggere questa poesia?

Francesco Chiesa

FRANCESCO CHIESA (1871-1973) nacque a Segno, nel Canton Ticino, in Svizzera. Si laureò in legge a Pavia e in seguito insegnò lettere presso il liceo di Lugano. La sua prima opera, *Preludio*, un volume di versi che pubblicò nel 1897, dette subito prova di un eccezionale estro poetico e pronosticò una brillante carriera letteraria per il giovane poeta. Scrisse poi vari romanzi, fra i quali *Sant'Amarillide*, *Tempo di marzo* e *Passeggiate* e una raccolta di novelle intitolata *Racconti del mio orto*, di vena autobiografica. Fu poeta prolifico e le sue opere includono varie raccolte di versi fra i quali: *Preludio*, *La cattedrale*, *La reggia*, *I viali d'oro*, *Fuochi di primavera*, *Consolazioni*, *La stellata sera*, *L'artefice malcontento*, *Alla gioia fuggitiva* e *Sonetti di San Silvestro*. Morì a Lugano.

IL DESTINO DEGLI UOMINI

E dissi al fiume: "lasciami passare"!
Rispose il fiume: "e per andar dove?
Anche di là uomini e donne... Il °bove
°mugghia °ugualmente e °pungon le °zanzare.

Che speri?... °L'istesse acque, dolci, amare,
°lungo l'altro mio °margine! E un °dì piove,
un dì fa bello. E la stessa aria °muove
la °favolosa °selva, che ti pare.

Sempre sull'altra °sponda il ben che °agogni,
uomo; il bene °perduto o °invano °atteso.
Io, freddo, °in mezzo, tra il °sognante e i sogni...

Sempre, sopra la testa alto sospeso
il tuo °fato, se vai, se stai. Per ogni
strada, da °trascinar, sempre, il tuo °peso".

ox
moos · also · sting · mosquitoes

the same
along · bank · day
stirs
fabulous · woods

bank · crave
lost · in vain · awaited
between · dreamer

fate
drag along · weight (turmoil)

Domande

1. Qual è il tema di questa poesia?
2. Perché il poeta rivolge la parola al fiume?
3. Che cosa simboleggia il di là del fiume?
4. Che immagini evoca il poeta?
5. Che cosa agogna l'uomo?
6. Chi è il 'sognante' e che cosa rappresentano i 'sogni'?
7. Come s'interpreta: "Se vai o se stai. Per ogni strada, da trascinar sempre, il tuo peso?"
8. È un'illusione che la vita possa essere migliore altrove?

Giuseppe Ungaretti

Giuseppe Ungaretti (1888-1970) è considerato uno dei più grandi poeti italiani del ventesimo secolo. Ungaretti nacque da famiglia lucchese ad Alessandria d'Egitto dove compì i suoi primi studi, interessandosi già appassionatamente alla letteratura contemporanea. Si trasferì poi a Parigi, dove frequentò la Sorbonne e il Collegio di Francia. Andò in Italia e partecipò volontario alla prima guerra mondiale. Ritornò poi a Parigi ove si sposò. I suoi primi versi apparvero durante quegli anni: *Il porto sepolto* e *Allegria di naufragi*. Nel 1920 si stabilì con la famiglia a Roma dove passò anni molto difficili. Si recò poi nel Brasile per occupare la cattedra di letteratura italiana all'Università di San Paolo. Qui perdette tragicamente il figlio Antonietto, al quale dedicò un bellissimo gruppo di liriche contenute nel volume che ha per titolo *Il dolore*. Altre sue opere principali sono: *Sentimento del tempo, La terra promessa, Un grido e paesaggi*, le prose autobiografiche de *Il deserto e dopo* e la raccolta di saggi e interventi. Tutte le sue opere sono state riunite sotto il titolo di *Vita d'un uomo*.

SILENZIO

Conosco una città	
che ogni giorno °s'empie di sole	*filled*
e tutto è °rapito in quel momento	*brought to ecstasy*
Me ne sono andato una sera	
Nel cuore °durava il °limio	*continued · intense chirping*
delle °cicale	*cicadas*
Dal °bastimento	*ship*
°verniciato di bianco	*painted*
ho visto	
la mia città °sparire	*disapper*
°lasciando	*leaving*
°un poco	*almost*
°un abbraccio di °lumi nell'aria °torbida	*its open arms · lights · inert*
°sospesi	*suspended*

Domande

1. Quali ricordi giovanili emergono da questa poesia?
2. Quale elemento nostalgico suscitano questi versi nel lettore?
3. Quale immagine emana dalla partenza del bastimento?

da — TU TI SPEZZASTI

wings	Alzavi le braccia come °ali
	E ridavi nascita al vento
weight · motionless	Correndo nel °peso dell'aria °immota.
rest	Nessuno mai vide °posare
dancing	Il tuo lieve piede di °danza.
[you] happy grace	°Grazia, felice,
how could you not have	°Non avresti potuto non spezzarti
bleakness · hardened	In una °cecità tanto °indurita
breath	Tu semplice °soffio e cristallo,
flash · cruel	Troppo umano °lampo per °l'empio,
wild · savage · droning	°Selvoso, °accanito, °ronzante
roar · naked	°Ruggito d'un sole °ignudo.

Domande

1. Come è descritto il figlioletto nei primi tre versi di questa poesia?
2. A che cosa è paragonato il bambino?
3. Perché era destinato ad essere spezzato in così giovane età?

Domande generali su tutte le poesie

1. Qual è il tema principale d'ogni poesia?
2. Quali immagini evocano i versi di ciascuna poesia?
3. Quale tematica esprime il poeta in ogni poesia?
4. Riassumere con parole proprie il testo di ciascuna poesia.
5. Qual è la poesia preferita dal lettore in questa raccolta? Quali reazioni suscita?
6. Esprimere le diverse idee di ciascun poeta inerenti alla natura, al passaggio del tempo e al cambiamento delle stagioni.
7. Discutere i diversi concetti e i diversi aspetti dell'amore trattati nelle varie poesie.
8. Con quali spunti lirici interpreta il suo pessimismo o il suo ottimismo ciascun poeta?
9. Quali reazioni provocano i sentimenti espressi dai vari poeti?
10. Quali emozioni e quali sentimenti espressi da questi poeti sono condivisi dal lettore o dalla lettrice?

VOCABOLARIO SCELTO

abbacinante dazzling
abbagliare to dazzle
abbaiare to bark
abbandono abandonment
abbarbagliare to dazzle
abbassare to lower
abbigliamento attire
abbinare to link, to join
abbisognare to need
abbracciare to embrace
abito suit
accadere to happen
accampare to set up camp
accanito determined
accanto next to, next door
accarezzare to caress
accavalcare to pile up
accennare to indicate, to mention
accendere to light
accensione *f.* ignition
accertare to make certain, to ascertain
acchiappare to catch
acciaio steel
accidenti! curses!
accingersi to set out, to be about
accogliere to greet
accomodare to fix
accomodarsi to make oneself comfortable
accomiatarsi to take leave
acconciarsi to adorn oneself, to fix one's hair
accondiscendente condescending
accontentare to please, to satisfy
accoppiare to match
accorciare to shorten
accorato disheartened
accordo chord, accord

accorgersi to notice, to realize
accorrere to rush
accostare to close
accostarsi to come close
acquistare to acquire
acre bitter, acrid
adagiare to lay down with care
adagio slowly
addio goodbye
addirittura directly, really!, entirely
additare to point out
addormentarsi to fall asleep
addossato leaning
addosso on, on top, on one's self
adempiere to fulfill
adirarsi to become angered
adolescente *m., f.* adolescent
adoperare to use
adulare to flatter
adunco hooked
affacciarsi to look in (or out) from window or door
affannoso breathless
affare *m.* deal
affatto at all
afferrare to grab, to grasp
affettare to slice, to affect
affetto affection, love
affettuoso affectionate
affidare to entrust
affiorare to emerge, to come to the surface
affissare to issue, to set
affliggere to afflict
afflitto anguished, afflicted
affrettarsi to hurry
affrontare to face
affumicato smoked, smoke

covered
aggirarsi to wander
aggrapparsi to hang on
aggredire to attack
aggrottare to scowl
agguantare to grab
agguato ambush
agiato wealthy
agio ease
agitare to shake, to agitate
ago needle
agognare to long for
ahò *dial.* hey!
aiuola flower bed
aizzare to incite
alba dawn
albergo hotel
alitare to breath, to sigh
alleato allied, ally
allegria joy
allibito pale, angered
allontanare to go off, to run away, to push away
alludere to refer
allungare to stretch
alterarsi to become irritated
alto high, tall
altoparlante *m.* loudspeaker
altrettanto the same
altrimenti otherwise
altrui other, of others
amante *f., m.* lover
amareggiare to embitter
amarezza bitterness
amaro bitter
amato loved, beloved
amazzone *f.* old-fashioned riding habit
ambedue both
ambiente *m.* environment, surroundings
ambito circle, ambit,

bounds, limits
ambito cherished, aspired
ambulante strolling
amico friend
ammazzare to kill
ammettere to admit
ammiccare to wink
ammiratore *m.* admirer
ammonimento admonishment, warning
amore *m.* love
androne *m.* passage, large vestibule
angolo corner
angoscia anguish
angustia anguish
animo soul
annebbiarsi to become foggy, to obscure
annodare to knot, to tie
annoiarsi to be annoyed, to be bored
annuire to nod approvingly
annullare to cancel, to void
ansietà anxiety
antenato ancestor
anteporre to place in front of, to place before
anteriore front, anterior
anticamera entrance hall
antico ancient
antipatico unpleasant
anzi in fact
appalto concession
apparecchiare to set the table
apparecchio apparatus (e.g., radio, TV, airplane)
apparire to appear
appartare to put aside
appena hardly, as soon as
appesantirsi to grow stout, to become heavy
appeso hanging
appigionare to rent
appoggiare to lean
appollaiarsi to roost, to sit stooped
apportare to bring
apposta purposely
appostarsi to wait in ambush

approdo landing
approfittare to take advantage
appunto precisely
appunto note
aprire to open
aratura plowed field
ardere to burn, to be excited
ardire to dare, to brave
ardire *m.* courage
argenteria silverware
argine *m.* embankment
argomento topic, subject
arguire to deduct
aria musical air, aria
arietta a little tune
armatura armour
armonia harmony
arnese *m.* equipment
arpia harpy, quarrelsome wench
arrabbiarsi to become enraged
arrampicarsi to climb
arrampicato scrambled, placed haphazardly above
arredare to decorate, to furnish
arrendersi to surrender
arrestare to arrest, to stop
arrosto roast
arrotino knife sharpener (person)
arrotolarsi to roll
arruffarsi to become ruffled
artefice *m.* craftsman
artiglieria artillery
ascella armpit
ascesa ascent
aspetto aspect
aspirare inhale, aspire
aspro harsh
assai very much, a lot, very
assalire to assail, to attack
assaporare to taste
assegnare to assign
assenza absence
assessorato assessor's office
assestare to fix, to place
assicurare to assure, to insure, to reassure

assillare to urge, to spur on, to pester
assomigliare to resemble
assonnato sleepy
assumere to assume, to take up, to raise
assurdità absurdity
asta auction, pole
astio anger
astrale astral, starry, of the stars
astuccio case
atlante *m.* atlas
attaccare to paste, to stick, to tie, to attack
atteggiamento attitude
atteggiarsi to take an attitude, to act like
attendamento encampment
attendere to wait
attesa expectation, wait
atteso expected
attestato certificate, testimonial
attimo instant
attirare to attract
attonimento stupor
attonito dumbfounded
attore *m.* actor
attorniato surrounded
attraverso across, by, through
attrice *f.* actress
augurio good wish
aula classroom
aureola halo
autodidatta self-taught
autore *m.* author
autorità authority
avanguardia forefront
avanzare to advance
avaro stingy, miserly
avea *poet.* **aveva** had, used to have
avo ancestor
avulso eradicated, exterpated, torn away
avvantaggiarsi to take advantage of
avvenimento happening
avvenire to happen

avvenire future
avvertire to warn, to feel
avviare to start
avviarsi to move forward
avvicinarsi to go near, to get close
avvilimento dejection
avvilirsi to become disheartened
avviluppare to envelope, to wrap
avvisare to inform, to advise
avvolto wrapped
azione *f.* action
azzardarsi to dare
azzurro blue

baccano noise, clamor
baciare to kiss
badare to notice, to mind
baffone *m.* big mustache
bagaglio baggage
bagattella nonsense
bagnarsi to get wet
baio bay horse
balbettare to stutter
balìa, in at the mercy, in the power
ballare to dance
ballatoio balcony, terrace
balneare bathing, beach *adj.*
balordata stupidity, absurdity
balzo bounce
bambino little boy
bambola doll
banco bench, counter, desk
bando ban
barattare to barter, to exchange
barba beard
barcone *m.* barge, big old boat
basilico basil (herb)
bassezza baseness
basso base, low, short
basta enough
bastone *m.* cane, large stick
battere to knock, to beat, to strike

batticuore *m.* heart throb, palpitation
bavero large collar
be' well!
beato lucky, blessed, happy
beffa mockery, jest
beffardo mocking, derisory
belare to bleat
benché although
benedetto blissful, blessed
bere to drink
berretto cap
bestialità stupidity
bestiola small animal (endearing)
biancheria laundry, underwear
bibita soft drink
bicchiere *m.* glass
bifronte two-headed, two-faced
biglietto note, ticket, personal card
biondo blond
bis *m.* encore
bisbetica shrew, scolding woman
bistecca beefsteak
blasone *m.* shield
bocca mouth
bollare to stamp
borghese middle class, bourgeois
borsa purse
bosco woods
botta blow
bottega store
bottiglia bottle
bottino stolen goods
bove *m., poet.* ox
bozzo bump
braccio arm
bramare to long for
bravo good, arrogant, bravo!
breve brief
brevettare to copyright
briccone *m.* rascal
briga trouble
brindisi *m.* toast
brolo orchard

bruciare to burn
brusco brusk
brutto ugly
buco hole
bufera storm
bugiardo liar
buio darkness
bullo bully
buoi oxen
burrascoso stormy
bussare to knock
bussola compass, partition
busto corset
buttare to throw

cacciare to place, to hide, to chase, to hunt
cagionare to cause
cagnolino small dog
calcare to trace, to tread heavily upon
calcinato stuccoed, plastered
calcio kick
caldo heat
calice *m.* chalice
calore *m.* heat
calpestare to trample
calza stocking
camera room, bedroom
camera di passaggio hallway
cameratismo comradeship
cameriera maid, waitress
cammino way
camminare to walk, to go
campagna country, fields
campagnolo peasant
campanello small bell, door bell
campare to live
campestre rural, country *adj.*
camposanto cemetery
campo field
camuffare to mask, to disguise
candela candle
cane *m.* dog
cangiare to change
canile *m.* kennel

canna barrel of a gun, cane
cannuccia drinking straw
canottiera T shirt
canticchiando singing softly
cantina cellar
canto song, verse, lyrics
canzonare to mock
canzonetta popular song
canzoniere *m.* collection of lyrics, songs
capace capable
capanno beach cabin
capannino small beach cabin
caparbia stubbornness, stubborn one
capare *dial.* to pick
capello hair
capitare to happen, to turn up
capo head, top, director
cappello hat
capra goat
capriccio whim
capriccioso capricious
caprifoglio honeysuckle
carabiniere *m.* Italian policeman
carattere *m.* character
carbone *m.* coal
carezza caress
caricatore *m.* magazine (of gun)
carino cute, charming
carità charity, pity
carnagione *f.* complexion
carne *f.* meat, flesh
carnoso meaty, thick
caro dear, expensive
carrettino small cart
carriera career
carta paper
cartello sign
cartoccio cone-shaped bag
cartoncino small cardboard, card
cascare to fall
cascata fall, waterfall
casermone *m.* old barrack
cassa case, cash register
cassetto drawer

castagna chestnut
castigare to punish
catafalco catafalque, temporary structure for public funerals
catena chain
catrame *m.* tar
cattedra teacher's desk, professorial position
cattivare to capture
cattiveria meanness
cautela caution
cavaliere *m.* gentleman, horseman
cavallerizza horsewoman
cavallo horse
cavare to extract
cavolo cabbage
cedere to concede, to give up, to give in
celia jest
cenare to have supper
cenere *f.* ash
cenno sign, motion, gesture, outline
cera wax
cercare to search
certezza certainty
cervello brain
cespuglio bush
cessare to cease, to stop
cesta basket
ché (perché) because
chiacchierare to chat
chiaria dim light
chiarire to clarify
chiaro light, clear
chiave *f.* key
chiedere to ask
chiesa church
chimera fantasy
chimica chemistry
chinare to bend
chino bent
chiodo nail
chissà who knows!
chiunque anyone
chiuso closed
ciascuno each
cicala balm-cricket
cieco blind

cielo! heavens!
ciglia *f. pl.* lashes
ciglio lash, brow, ridge
cima top, peak
cinghia belt, girth, strap
ciò that, it
ciociara peasant from Ciociarìa (near Rome)
cipiglio frown
circolo circle, cycle
circondare to encircle
cittadina small town, citizen
cittadino citizen
clemente clement, merciful
clima *m.* climate
cocci *m. pl.* broken pieces (of crockery)
coccodrillo crocodile
codesto that, that one
coetaneo of the same age
cogliere to pick, to grasp
colare to drip, to drain
colazione *f.* breakfast, lunch
colchico colchicum, Old World bulbous plant
collegio boarding school
collera rage
colletto collar
collo neck
colloquio private conversation
colmo full
colombella little dove
colpa guilt, fault
colpevole guilty
colpire to strike, to hit, to impress
colpo blow, shot
coltello knife
colto educated
combinare to conclude, to arrange
commensale *m., f.* table companion, table guest
commercio commerce, business
commovente touching
commuovere to move emotionally, to affect

comodino nightstand
compaesano compatriot
compendiare to include, to sum up
compiacersi to be pleased
compiacimento pleasure
compilare to compile
componimento theme, composition
comporre to compose
comportarsi to behave
compromettere to compromise, to involve
comunale municipal
comune *m.* city hall
concedere to concede, to give, to allow
concetto concept
concordato pact
concorrenza competition
concubino concubine
condurre to conduct, to take to
conficcare to pierce
confine *m.* limit, boundary
confino area of forced domicile
confondere to confuse
confronto comparison
congedarsi to take leave
congiungere to join
conquistare to conquer
consapevole conscious, with knowledge
consegnare to deliver
consigliare to advise
consorte *m., f.* consort, husband or wife
contadinesco peasant-like
contentezza happiness
contentone *m.* very happy
contrarietà trouble
convegno meeting, encounter
convenire to admit, to suit, to be to one's advantage
copertone *m.* large cover, car tire
copribusto bodice
cornetta telephone receiver, earhorn

corniciaio frame maker
corno horn, hex, damn *col.*
corona crown, wreath
corpo body
corriere *m.* courier
corrucciato angry, scowling
corruscante flashing, sparkling
corsa race
cortina curtain
coscia thigh
coscienza conscience
costare to cost
costituire to constitute, to signify
costituirsi to give oneself up
costretto forced, obliged
costringere to force, to oblige
costume *m.* costume, bathing suit
cotesto that
crepare *col.* to die
crepuscolare twilight, literary period
crescere to grow
croce *f.* cross
cronistoria chronicle
crudo raw
cucchiaino teaspoon
cucinare to cook
cucire to sew
cuffia bonnet
cugino cousin
cumulo pile
cuna cradle
cuoco cook
cuore *m.* heart
cupo dark, gloomy
cura care, cure
curarsi to cure oneself, to pay heed to
cuscino pillow

dà (dare) gives
dabbene upright, honest
danno damage
dappertutto everywhere
darsena dockyard
dazio customs, excise

debole weak
debolezza weakness
decantare to praise
decimonono nineteenth
degnare to deign, to think worthy, to condescend
degno worthy
delitto crime
delizioso delicious, charming
dente *m.* tooth
depone (deporre) puts down, places
desiderio desire
desolato distressed, sorry
destare to awaken
destrezza dexterity
detto said, saying, above-mentioned, called, same
devoluto devolved, bestowed, handed down
dì *m.* day
dialogo dialogue
diavolo devil
dibattere to debate
digiuno fasting, not having eaten
diletto dear, beloved
dimenare to wag, to shake
dimenticare to forget
dimorare to dwell
Dio God
dipinto painted
diretto towards, direct
dirimpetto opposite, facing
diritto straight, claim
discutere to discuss
disfiorare to skim, to brush past
distinse (distinguere) distinguished
disgraziato miserable one, wretch
disinganno disappointment, disenchantment
disinvolto casual, unembarrassed
disinvoltura ease, aplomb
disordine *m.* disorder, mess
disperato desperate, penniless

dispetto spite
dispiacere *m.* sorrow, worry
disprezzare to despise, to belittle
disprezzo scorn
disteso distended
distinguere to distinguish
distogliere to dissuade
distruggere to destroy
disubbidienza disobedience
dita *f. pl.* fingers
diti *m. pl., poet.* fingers
dito finger
divano divan, sofa
divenire to become
diventare to become
diverso different
divisare to plan
divo motion picture star
divulgare to divulge, to spread
doganiere *m.* customs officer
doglia pain
dolce sweet, gentle
dolcezza sweetness
dolente sorry, painful
dolere to hurt, to pain *poet.*
dolore *m.* pain
domani tomorrow
domattina tomorrow morning
Dominiddio God
donde (da dove) from where
dondolare to swing
donnone *m.* huge woman
dopo after
dorato guilded, tanned
dote *f.* dowry
dottore *m.* doctor
dovere *m.* duty
drammaturgo dramatist
dritto straight
drizzare to straighten
dubbio doubt
dunque therefore
durare to last
duro hard, difficult

ebbro excited, inebriated, enraptured
ebreo Hebrew, Jew
ebrietudine *f.* exhilaration
ecco here is, here are
ecclissare to disappear, to eclipse
edera ivy
educanda boarding school student
effettuare to effect, to carry out
egualmente equally
elencare to list
elettrizzare to electrify
emettere to utter
emotivo emotional
entrambi both
eppure even so
equivoco misunderstanding, error
erba grass
erede *m., f.* heir, heiress
ermetismo Hermetic literary movement
eroe *m.* hero
esagerare to exaggerate
escluso excluded
eseguire to perform, to comply, to make
esemplare exemplary, outstanding
esercizio exercise
esile emaciated, slender
esistere to exist
esitante hesitant
esito outcome
esperto expert
espressione *f.* expression
essere *m.* human being
esso it, he, him
estate *f.* summer
estero abroad
estivo summer *adj.*, summery
estorcere to extort, to wring
estraneo stranger
estrarre to extract
estro talent, inspiration
età age, era
eternità eternity
etichetta label

etto hectogram (about one-fourth pound)
euforia elation, euphoria
evitare to avoid
evocare to evoke

fabbrica factory
faccenda task, matter
faccia face
falce *f.* scythe
falda rim, fold
falegname *m.* carpenter
fallire to fail, to go bankrupt
falsare to falsify, to change
famiglia family
familiare of the family *adj.*
fanale *m.* street light, car light
fanciullo boy
fanteria infantry
farabutto scoundrel
farfalla butterfly
fascia band, bandage, lock of hair
fastidio bother
fatica labour, work
fato fate
favellare to speak
favola fable
favorire to favour
fazzoletto handkerchief, scarf
fede *f.* faith, wedding ring
fedeltà faithfulness
fedifrago faithless, oathbreaker
felicità happiness
feltro felt
ferire to wound
fermamente strongly
fermarsi to stop
fermo still, stop
ferrigno iron-like, steel-like
ferro iron
ferrovia railroad
festa party, fuss
fiacco weak, tired
fiamma flame
fianco side, hip
fiasco flask

fiato breath
ficcare to poke, to thrust
fico fig
ficodindia prickly pear, cactus pear
fidanzato fiancé
fidare to trust
fiducia trust
fiera wild beast, exposition, fair
fiero proud, haughty
figlio son
figliuolo son
figurarsi to imagine
filettato bordered
filo thread, wire, edge
filosofia philosophy
finale *m.* end
finché until
finestra window
finestrino small window, car window
fingere to feign, to pretend
fiore *m.* flower
fioritura blooming, collection
fisionomia features
fissare to stare, to set
fitto thick, intense
fiuto smell, scent
flagrante flagrant, in the very act
flauto flute
flebile feeble, weak
floscio floppy, flabby, limp
fluire to flow
fò (fare) *poet.* make, do
focoso fiery
fodera lining, pillow case
foga ardour
foglia leaf
foglio sheet of paper
follia folly, madness
folto thick
fondare to found, to establish
fondo bottom
forestiere *m.* foreigner
forno oven
forte loud
fortuna fortune

forza strength
forzare to force
fosco gloomy
fossa pit, hole
foulard *m. French* scarf
fra between
fraintendere to misunderstand
frak *m.* tail coat, formal coat
franchezza frankness
frangia fringe, bangs
fratello brother
frattempo meanwhile
fregare to rub
fremente angry, quivering with anger, with excitement
fremere to shudder, to shake, to quiver
frenare to stop, to hold back, to put on the brakes
frequentare to attend
fretta hurry
frettolosamente hurriedly
frigorifero refrigerator
fritto fried food
frollo spineless, soft
fronda small branch
fronte *f.* forehead
frottola lie, tale
frugare to search
frullare to whirl, to whip up
frullo flutter, whir, twirling stick
frusciare to rustle
frutteto fruit orchard
fu deceased
fucile *m.* rifle
fuga flight, escape, fugue (musical term)
fuggire to flee, to run away, to escape
fuggitivo fleeing
fulminare to strike
fumo smoke
fuoco fire
fuori outside
fuorviare to mislead, to lead astray
furbacchione *m.* smart one, cunning one

furberia cunning, shrewdness, cleverness
furbo cunning, clever, shrewd
furente furious
furibondo furious
furore *m.* furour, acclaim
furto theft
futurismo futurism (literary period)

gabbia cage
gabbiano seagull
gagliardo vigorous
galante galant
galantuomo gentleman, honest man
galera jail
gallina chicken
gallinaccio turkey
gamba leg
garza cheesecloth
gatto cat
gazzella gazelle
gelosia jealousy
gelsomino jasmine
gemere to moan, to wail
gemma jewel, bud
genere *m.* kind, type
genìa progeny, race, populace
genitore *m.* parent *m.*
genitrice *f.* parent *f.*
germoglio bud, germ
gesticolare to gesticulate
gesto gesture
gettare to throw
ghigno grimace
già already, of course, well, yes
giacca jacket
giara large two-handled pot
gigante *m.* giant
ginnasio Italian high school
ginocchio knee
giocondo joyous
giogo yoke
gioia jewel, joy
gioiello jewel
giornalista *m., f.* journalist
giovanile youthful

giovinastro young ruffian
girare to turn, to go around
girasole *m.* sunflower
gironzolare to stroll about
girovago wanderer
giubilare to be jubilant
giudicare to judge
giudizio judgment
giungere to arrive
giuoco game
giunto joined, arrived
giusto just, correct
gobbo hunchback
goccio drop
gocciola drop
godente *m., f.* one who enjoys
godere to enjoy
goffaggine *f.* awkwardness, clumsiness
goffo clumsy, awkward
gola throat
gonfiare to swell
gonfio swollen, full
gonna skirt
gonnella skirt
gorgogliante gurgling
gota cheek
gracidare to quack, to screech
gracile frail
gradasso braggard
gradire to please, to accept
grado rank
graffiare to scratch
gran (grande) big, great
grassotto plump
gratitudine *f.* gratitude
grattare to scratch
grazia charm
grazioso charming
greco Greek
grembiule *m.* apron
gremire to fill, to crowd
grido shout, scream, cry
grigio gray
grosso big, heavy, thick
grossolanità coarseness
guadagno earning
guaio trouble, mess
guaiolare to yelp, to whine

guancia cheek
guanciale *m.* pillow
guanto glove
guardare to look
guardingo cautious
guastare to spoil, to mess up
guattero kitchen helper
guerra war
guidare to guide, to lead, to drive
guisa guise, manner
gusto taste

idillio idyl, love affair
ignaro unaware
ignoto unknown
ignudo naked
ilare joyful, lively
illuminarsi to light up, to brighten up
imbarazzo embarrassment
imbattersi to run into
imbianchino house painter
imboccare to feed, to enter
imboccatura opening, entrance
imbrattare to soil
imbronciarsi to sulk
immaginare to imagine
immedesimarsi to identify with
immettere to put in, to penetrate
impacciato awkward, embarrassed
impallidire to become pale
impareggiabile incomparable
impaurito fearful
impavido undaunted
impazzire to go mad
impedire to prevent
impegno commitment, diligence, importance
impennarsi to rear up
imperterrito undaunted, insolent
impeto impulse, surge
impiego job
importare to import, to matter

importunare to bother
imposta shutter, tax
imprecare to curse
impregnare to impregnate
impresa task
impresario theatrical producer
impronta impression, trace
improvviso sudden
impugnare to brandish, to enforce, to seize
inalberare to hoist, to raise
inamidare to starch
inarcare to arch
inaspettato unexpected
incamminarsi to start to walk
incantata enchanted
incelarsi to fly into the sky
incenerire to incinerate
inceppo block
inchino bow
inchiodare to nail
incidente *m.* accident
incinta pregnant
incitare to urge, to incite
incollare to paste, to glue
incombenza task, charge
incomodo discomfort
inconcepibile inconceivable
inconcludente inconclusive, unsuccessful, incoherent
incontro encounter
incosciente irresponsible
increspare to ripple
incrociare to cross
incubo nightmare
incuriosirsi to become curious
indagare to inquire, to look into
indagine *f.* investigation
indegnità unworthiness, affront
indi then
indiavolato devilish, boisterous
indice *m.* index, index finger
indietreggiare to move backwards
indietro back

indizio indication
indocile rebellious
indole *m.* nature, character
indomito undaunted
indovinare to guess
indugio delay, detainment, lingering
indulgere to be lenient
indurre to persuade, to induce
inebrietudine *f.* rapture, inebriety, exultation
inedito unpublished
inerente concerning, regarding, inherent
inesperto unexperienced
infastidito annoyed
inferiorità inferiority
inferocito infuriated, enraged
infilare to thread
infine in the end
infinocchiare to deceive
influsso influence
infrangere to shatter, to break
infuocare to inflame, to excite
ingannare to deceive, to betray
ingegneria engineering
ingegno talent
ingentilirsi to become charming, to become gentle
ingenuo naive
inghippo mix up, muddle
ingresso entrance
inguaribile incurable
inizio beginning
innamorarsi to fall in love
innanzi in front of, before
innesto grafting of a plant
innocuo harmless, innocuous
inondare to flood
inquadrare to frame
inquietarsi to become angered
inquieto restless
inquietudine *f.* restlessness

inquilino renter
inseguire to chase, to run after
inserzione *f.* classified ad
insieme together
insofferenza intolerance, impatience
insolitamente unusually
insomma in essence
insufficenza insufficiency
intenerirsi to be touched, to be moved
interdetto disconcerted, prohibited
interpretare to interpret
interrogatorio questioning
interrompere to interrupt
interruttore *m.* switch
intervistare to interview
interurbana long distance phone call
intesa understanding
intimidirsi to become timid, to be intimidated
intorno around
intraprendere to undertake
intravedere to perceive
intreccio plot
intronare to stun
inutile useless
invecchiare to grow old
invece instead
inveire to assail, to scold
invernale wintry
inverosimile improbable, unlikely
invetrato glassy
invitato guest
involucro wrapper, covering
ira anger
irascibile irritable, choleric
irrequieto restless
irrompere to erupt, to break in
iscena (scena) stage
iscriversi to register
isola island
Ispagna (Spagna) Spain
ispido bristle, irritated, cranky

isposa (sposa) bride
istesso the same
istrada (strada) street
istupidito stupefied, dazed

labbro lip
ladro thief
laggiù down there
lagnarsi to complain
lagrima tear
lambire to lap, to lick
lameggiare to shine like a blade, to shine brightly
lampada lamp
lampada tascabile flashlight
lampo flash, lightning
lanciare to throw, to send out
lasciare to leave, to let
lassù up there
lato side
latrare to bark, to howl
lattante *m., f.* infant
laurearsi to graduate
lavorare to work
lavoro work, job
lazzarone *m.* slacker, homeless beggar
lazzo gag, quip, joke
leccio holm-oak, evergreen oak of Southern Europe
legame *m.* tie, relationship
legare to tie, to tie up
legato legacy
legge *f.* law
leggerezza lightness, fickleness
leggero light, blithe
leggiadria charm
legno wood
lente *f.* magnifying glass
lessico lexicon, word study
lesto ready, hurry
letto bed
lettore *m.* reader
lettrice *f.* reader
levare to take away, to raise
liberarsi to free oneself
liceo liceum, college
lieto happy
lieve light

linguaggio language, term
liquidazione *f.* liquidation sale
liquore *m.* liqueur
liriche *f. pl.* lyric verses
lirismo lyricism
lisciare to smooth
litigare to fight, to argue
litigio argument
litoraneo coastal
locale *m.* place, room, locale
lodare to praise
logica logic
lombardo of or from Lombardy
lontano far
loquace loquacious, talkative
lottare to fight
luccicare to shine, to glitter
lume *m.* oil lamp
lumìa typical Sicilian lime
luminaria illumination
lungo long, along
luogo place
lusinga allurement, flattery
lustro shine

macché but what, of course not!
macchina machine, car
macchinalmente automatically
macellaio butcher
maestoso majestic
maestrale *m.* northwest wind
maestria dexterity, mastery
magazzino warehouse
maglia sweater, knitted stitch
maglione *m.* heavy sweater
magro skinny, thin
malato sick
malattia illness
malcontento unhappy
malcotto badly cooked
maldicente *m., f.* slanderer
male badly, sickness
maledetto damned
maleducato rude, ill-mannered

maligno spiteful, malicious
malinconia melancholy
malincuore, a unwillingly
malizia malice
malloppo bundle
malumore *m.* bad humour
mancare to lack, to miss
manciata handful
mandare to send
mandarino tangerine
maneggiare to handle
manesco pugnacious, ready to fight
manfrina whim
manica sleeve
manichino mannequin
manicomio insane asylum
maniere *f. pl.* manners
mano *f.* hand
mannaia cleaver
manopola handcuff
mantiglia mantilla, cape
marciapiede *m.* sidewalk
marcio putrefied, rotted
marcire to rot
mare *m.* sea
maretta small tide
margine *m.* margin, bank
maritare to take a husband, to wed
marito husband
marmista *m., f.* marble-cutter
marmotta marmot, woodchuck, groundhog
marrone brown
marsina tail-coat
martello hammer
mascalzone *m.* rascal, scoundrel
maschera mask
matassa skein, entanglement
mattino morning
matto crazy, crazy one
mattutino (of the) morning
mazzo bunch
meglio better
melato sugary
melenso fool, stupid

meno less, minus
mensa table (already set)
mensola shelf, console
mente *f.* mind
mentire to lie
mento chin
meravigliarsi to be astonished
mercante *m.* merchant
merce *f.* merchandise
merenda midafternoon snack
merito merit
meschino poor thing, cheap-skate
mescolare to mix
mestamente sadly
mestiere *m.* trade, job
mezzano medium size
mezzi *m. pl.* means, money
mica hardly, at all, in the least
microfono microphone, telephone mouthpiece
mimetizzato camouflaged
minaccia threat
minare to undermine
mirare to look
misconoscere to deny, not to acknowledge
misericordia mercy
mistificatore *m.* mystifier, mystifying
mobile *m.* piece of furniture
mobilia furniture
moderare to check, to curb
modo manner
moglie *f.* wife
mollare to loosen, to let go
molle flexible, limp
mondano mundane, worldly
mondo world
monte *m.* hill, mountain
morboso morbid, diseased
mordere to bite
morsa vice (tool)
morsicare to bite
morte *f.* death
mossa gesture, motion
mostra exhibit

mostrare to show
mostro monster
moto motion, movement, urge, gesture
mucchio pile, crowd
mugghiare to moo, to bellow
muovere to move
mura *f. pl.* city walls
muro wall
museo museum
musicante *m., f., dial.* musician
musico musician (disparaging term)
muso snout
mutande *f. pl.* underpants, shorts
mutare to change

nansouk a fine cloth
narice *f.* nostril
nascere to be born
nascondere to hide
nascondiglio hiding place
naso nose
nastro ribbon
Natale *m.* Christmas
natalizio of Christmas
naufrago shipwrecked person
nave *f.* ship
neanche not even
nebbia fog
negare to deny
negoziante *m.* merchant
nemico enemy
neppure not even
nessuno no one, nobody
netto concise, clean
neve *f.* snow
nido nest
ninna nanna lullabye
nipote *m., f.* nephew, niece
nocciolina americana peanut
noce *f.* walnut
noia boredom
nominato named, renowned

nondimeno nonetheless
notare to notice
notevole noteworthy
noto known
novella short story, news
nozze *f. pl.* marriage
nuca nape, back of the neck
nudo naked
nulla nothing
nuocere to harm
nutrire to nourish, to feel
nuziale nuptual

obbedire to obey
oca goose
occhiali *m. pl.* eyeglasses
occhio eye
occorrente required, necessary
odiare to hate
odierno today's
odorare to smell
odio hatred
offesa offense
oggi today
ohé hey!
oltre besides
oltrepassare to pass, to skip over
ombra shadow, shade, spirit
onda wave
ondata large wave
onta offense, shame
opera task, opus, opera
operaio worker, labourer
opporsi to hinder, to oppose
opposto opposite
orca killer whale
orecchio ear
orfico Orphic
orgoglio pride
ormai by now
oro gold
orologio watch, clock
orso bear
orto vegetable garden
osare to dare
oscenamente obscenely
oscuramento darkening,

dimming
ospite *m., f.* guest, host
osservante observant
ossessionare to obsess, to haunt
ossia rather
osso bone
ottavino piccolo (instrument)
ottenere to obtain
ottimo excellent
ove where
ovunque everywhere

pacato calm
pace *f.* peace
padrone *m.* master, owner
paesaggio landscape, panorama, view
paesano country boy, peasant, compatriot
paese *m.* town, country
paglia straw
paino *dial.* peasant
paio pair
palcoscenico stage
pallido pale
pallottola bullet
palmizio group of palm trees
pampino grape leaf
pannocchia corn cob
panno woolen cloth
panni *m. pl.* clothes
pantera panther
pantofola bedroom slipper
papero young goose
pappagallo parrot
paragonare to compare, to equal
paralume *m.* lamp shade
parato adorned
parco park
parente *m., f.* relative
parentela relationship, kindred
parere to seem, to appear
parere *m.* opinion
pari-pari even, equal
parlare to talk, to speak
parlottare to grumble

partecipe participant
partenopeo Parthenopean, Neapolitan
partenza departure
particolare particular
partire to leave
partita game
Pasqua Easter
passeggiare to stroll, to walk
passerotto sparrow
passo step
pasticcio mess, pie
pastrano coat
patente *f.* license
paura fear
pazzamente crazily, wildly
pazzia madness
pazzo crazy man
peccato sin, what a pity
peccatore *m.* sinner
pedata kick
pedinare to follow
pelle *f.* skin, leather
pellegrino pilgrim
pelliccia fur coat
pellicola film
pelo hair
pena pain, pity
pendolo pendulum
penombra shadow, dusk
penoso painful
pensare to think
pensiero thought
penzolare to hang
per bacco! by Bacchus! (by Jove!)
percuotere to strike, to beat
pericoloso dangerous
perire to perish
perizia expertise, skill
permesso permission
permettere to permit
perno focal point
personaggio character
pervaso pervaded, permeated
pesare to weigh
pesca fishing, peach
pescatore *m.* fisherman
pesco peach tree

peso weight
pettegolo gossiper
petto chest, breast
pezzettino small piece
pezzo piece
piacere to like, to please
piacere *m.* pleasure
piacevolezza pleasantness, graciousness
piangere to cry
piano slow, soft
piantare to plant, to stop
pianterreno ground floor
pianto tears, cry
pianura plain
piatto dish
piazzarsi to place one self
piccione *m.* pigeon
picchiare to hit, to spank
piccolo little, little one
pied-à-terre *m. French* pad, apartment
piede *m.* foot
piegare to fold, to bend
pieno full
pietà compassion
pietra stone, rock
piffero fife (instrument)
pigione *f.* rent
pigliare to take
pioggia rain
piovere to rain
pista trail
pittore *m.* painter, artist
piuttosto rather
plauso applause, accolade
pocanzi a little while ago
podere *m.* land, vegetable garden
poesia poetry
poiché due to the fact
polmonare pulmonary
polpettone *m.* hodge podge, meat loaf
polso pulse
poltrona arm chair
ponte *m.* bridge
popolano peasant, common person
porco pig, swine
porgere to give, to extend,

to offer
portafogli *m. s.* wallet
portare to bring, to carry
portiera door drape
porzione *f.* portion
posare to put down, to place
posata silverware
postero descendant
posticino little place, little job
posto place
potenza power, force
poveraccio poor fellow
poverino poor soul
povero poor
pozzo well
pranzare to dine
prato meadow
preferibile preferable
pregare to pray
preghiera prayer
prelevare to take out
premio prize
premura hurry, attention, concern
premuroso solicitous
prendere to take, to seize, to catch
prepotente arrogant, stubborn
prepotenza arrogance
presa hold
presagire to foretell
prescelto chosen
presentimento premonition
presso near, care of
prestanza good looks
prestare to lend
prestito loan
presumere to take for granted, to presume
pretendere to claim, to expect, to demand
prevalere to prevail
prevenire to warn, to notify
prigione *f.* prison
prima first, before
primavera spring
primizia early crop

principessa princess
privo deprived
processo trial
proclive prone
procurare to obtain
produttore producer
profittare to take advantage of
proiezione *f.* screening
pronostico forecast, prediction
pronto ready, hello (telephone)
proposta proposal
proposizione *f.* statement, point to be discussed
proprio own, exactly
prorompere to burst out
prosa prose
prosciutto cured ham
proseguire to continue, to pursue
prosopopea ostentation, unnecessary show
protendere to extend
protervo pert, impudent
proteso extended
prova proof
provare to prove
pubblicare to publish
puerile childish
pugilato boxing
Pulcinella *m.* Punch (character of Commedia dell'Arte)
pulcino chick
pulito clean
pungere to sting
puntare to point, to refer
punto stung
punto stitch
purché even though

quaderno notebook
quadretto little square, little picture
quadro painting, picture
quaggiù down here
quale which, like, as
qualsiasi whichever
quantunque even though

quartiere *m.* district
quartierino small apartment
quasi almost, nearly
quatto quietly
quattrini *m. pl.* money
quercia oak
querelare to bemoan, to litigate
questore *m.* chief of police
quietare to calm
quindi therefore
quinta theater wing, fifth

rabbia anger, rage
rabbrividire to shudder
rabbuiare to darken
rabbuiarsi to become stern
raccapricciarsi to be horrified
racchiudere to enclose, to contain
raccolta collection
raccolto gathered, harvested
racconciarsi to tidy one's hair
raccontare to tell, to relate
racconto short story
raddoppiare to double
radere to shave, to touch lightly
radice *f.* root
rado sparce
raffinato refined
ragazzata boyish prank
raggelare to freeze
raggiare to radiate
raggiera halo
raggio ray
raggiornare to dawn
raggirare to swindle, to cheat
raggiro trickery
raggiungere to reach, to meet, to achieve
raggrinzito wrinkled
rallegrare to rejoice
rammarico regret
rammentare to remember, to recall
ramo branch
rapinare to steal, to bur-

glarize
rapporto relation, relationship, report
rappresentazione *f.* performance
raschiare to scratch, to scrape
raso satin
raso shaven
rassegnarsi to resign oneself
rassettare to tidy up
ratto rat, abduction
rattoppato patched
rattristare to sadden
rauco hoarse
ravvedimento enlightenment, acknowledgment
razza kind, race
reagire to react
reazione *f.* reaction
recare to convey
recarsi to go
recinto fence
recinto fenced in
recisamente resolutely, curtly
recitare to recite, to act
refurtiva stolen goods
regalo gift
reggere to hold, to support, to carry
reggia kingdom
reggipetto brassiere
regista *m., f.* film director
rena sand
renano of the Rhine
rendiconto account
reparto division, department
replicare to answer, to make a copy
resina resin
respingere to reject, to push back
respiro breath, breathing
restituire to give back, to return
restringere to tighten up, to shrink
reticolato wire fencing

riabbassare to lower again
rialzare to raise again
riattaccare to replace, to tie up again, to hang up again
ribalta forefront, stage front
ribaltare to overturn
ribattere to refute
ribrezzo disgust
ricciolo curl
ricevitore *m.* receiver
richiamare to recall
richiamo call, recall
richiesta request
ricomparsa reappearance
ricondurre to bring back, to reduce
riconoscente appreciative
ricordare to remember
ricordo remembrance, souvenir
ricorrere to resort, to appeal
ricusare to deny, to refuse
ridente smiling
ridere to laugh
riecco here again
riempire to fill
rievocare to recall
riferire to refer
rifiuto refuse, garbage
riflettore *m.* searchlight
rifugiarsi to take refuge
rifugio refuge
riga stripe, line, ruler
rigonfio swollen, stuffed
riguardare to look over again, to refer to
riguardo in reference
rilievo relief, prominence
rima verse, rhyme
rimanenza remnant
rimanere to remain
rimboccato turned up, rolled up
rimescolare to stir
rimettersi to get well, to start again
rimorchiare to tow
rimpiangere to regret
rimpicciolire to make smaller, to grow smaller
rinato reborn

rincasare to return home
rinchiudere to enclose, to lock in
ringhiera railing, banister
rinomato renowned, famous
rintocco stroke (of bell)
rintracciare to trace, to find
riordinare to put back in order
riparare to repair, to make amends
ripercorrere to go over again, to tread again
ripescare to fish out
ripetutamente repeatedly
riporre to put away
riportare to bring back
riposo rest, repose
riprendersi to recover, to take back
ripresentarsi to appear again
risata laughter
rischiarare to lighten up
rischio risk
riscuotersi to be startled
risentito resentful, hurt
risiedere to reside
risparmiare to save
rispecchiare to reflect
rispetto in respect
risveglio awakening
ritenere to be convinced
ritiro seclusion
ritratto portrait, likeness
ritrovare to find again
ritto straight, standing straight
rituffare to replunge, to dip again
riuscire to succeed, to go out again
riva shore, bank
rivangare to dig up
rivedere to see again
rivelare to reveal
riverniciare to repaint
rivolgersi to turn to, to speak to
rivolta revolt

rizzarsi to sit up, to stand straight
roba clothes, things, stuff, material, food
rocare to quack
roccia rock, cliff
romanziere *m.* novelist
romanzo novel
romba hum
rombo booming sound
rompere to break
ronda patrol, watch
rondine *f.* swallow
ronfare to snore
ronzio buzzing
rosso red
rossore *m.* blush
rotocalco rotogravure
rotolare to roll
rotto broken
rovesciare to spill, to knock over, to vomit
rovinare to ruin
rozzezza crudeness
rozzo crude
rubare to steal, to rob
ruga wrinkle
ruggine *f.* rust
rugiada dew
rugiadoso covered with dew
rumore *m.* noise, sound
ruolo role, part
ruvido rough, coarse

sabbia sand
sacco sack
sacerdote *m.* priest
saggista *m., f.* essayist
saggio essay
salace salacious, lecherous, lascivious
salice *m.* willow
salire to climb, to appear
salone *m.* large hall, large room
salpare to sail
saltare to jump
saltarellare to skip
saltimbanco tumbler, acrobat

saltuariamente sporadically

salutare to greet, to take leave

salvare to save

salvabile savable

salvezza salvation, safety

sanatorio sanatorium

sangue *m.* blood

sano healthy

sapienza knowledge

sauro sorrel (horse)

sazio satisfied, replete, full

sbadiglio yawn

sbalordito dazed, amazed

sbarco landing

sbarrare to block, to obstruct

sbattere to hit, to bang, to shake

sbirciare to peer, to glance, to stare

sbrigare to expedite, to dispatch

sbrigarsi to hurry

sbronzarsi to get drunk

sbucare to show up, to spring up

sbuffare to puff, to snort

scacciare to send away, to expell

scadere to expire

scagliare to fling

scala ladder, stairway

scalare to climb

scalmanato out of breath

scaltro clever

scambiare to exchange

scambio exchange

scampare to avoid

scampolo remnant

scannare to cut the throat

scansìa shelf

scappare to run, to run away

scarno scrawny, thin, lean

scarpaccia old shoe

scatenare to let loose, to stir up

scatola box

scattante quick tempered

scattare to click, to burst out, to emanate

scaturire to flow, to originate

scegliere to choose, to select

scellerato wicked, scoundrel

scena scene

scendere to descend

sceneggiatura movie script

scenico scenic, of the stage

schernire to sneer, to scoff

scherzare to joke

scherzo joke, jest

schiatta offspring, family stock, race

schiena back (of body)

schienale *m.* back of chair

schiettezza openness, sincerity

schifiltoso finicky

schifo disgust

schioccare to smack, to crack

schiomare to brush past, to cut top

schiudere to open

schiumoso foamy

schivare to avoid

scialle *m.* shawl

sciarpa scarf

scimunitaggine *f.* foolishness, stupidity

scimunito stupid, fool

scindere to separate, to sever, to sunder

sciocchezza silliness, foolish thing

sciocco fool

sciogliere to untie, to release, to melt

sciupare to spoil, to damage

scivolare to slip

scocciatore *m.* bore

scodella soup bowl

scoglio cliff, large rock in the sea

scolaresca body of students

scolaresco scholarly

scommettere to bet

scomodo uncomfortable

scomparire to disappear

scompigliare to disrupt, to ruffle

sconfitta defeat

sconnesso unrelated

sconosciuto unknown

sconveniente inconvenient

sconvolgere to disrupt, to upset, to disturb

scopa broom

scoperchiare to uncover

scoperta discovery

scopo scope, purpose

scoppiare to burst

scoppio burst, outburst

scoprire to discover, to uncover

scorciatoia shortcut

scordare to forget

scorgere to perceive, to see

scorrere to flow

scossa jolt

scosso shook, shaken

scostare to move aside, to pull away

scozzese Scottish

scricchiolare to squeak, to crackle

scritti *m. pl.* writings

scrittore *m.* writer

scrittura writing, contract, scripture

scrollare to shake

scultore *m.* sculptor

scuotere to stir, to shake, to agitate

scuro dark

scusarsi to excuse oneself

sdegno disdain, indignation

sdraiato distended

sdrammatizzare to render undramatic

sebbene even though

seccare to dry, to annoy, to bother

seccatore *m.* bore

secolo century

secondo second, according to

sedersi to sit

sedotto seduced, beguiled,

enticed
sedurre to seduce, to entice
seggiola chair
segnale *m.* signal
segnare to mark
segno sign
seguente following
seguire to follow
seguitare to continue
sella saddle
selva forest, woods
selvaggio savage, wild
selvatico wild
sembrare to seem
seme *m.* seed
semideo semigod
semita Semite
semplice simple
seno bosom
senonché unless, otherwise
sensibile sensitive
sentire to hear, to feel
senza che without
sepolto buried
seppellire to bury
sera evening, early night
serata evening, gala affair
serbare to keep
sereno serene, calm
serio serious
serra hothouse, greenhouse
serratura lock
servirsi to serve oneself, to make use
servito dinner course
servitù *f.* household servants, servitude
servizievole obliging, serviceable
servo servant
sesso sex
settentrionale northern
settimo seventh
sfera sphere
sfidare to challenge, to defy
sfinito exhausted
sfiorare to skim, to barely touch
sfiorire to wither, to fade away
sfogo rash, vent, outlet
sfondo background

sforzarsi to make an effort
sforzo effort
sfrontato impudent
sfruttare to take advantage
sfuggire to flee, to escape
sgarbato rude
sgattaiolare to run away, to sneak away
sgombrare to clear away, to move
sgomento consternation
sgradevole unpleasant
sgrammaticato ungrammatical, full of grammatical errors
sgridare to scold
sguaiato coarse, loud-mouthed
sguardo glance
siccome due to the fact
sicura safety-catch
sicurezza safety
sicuro safe, certain
significare to mean
Signore *m.* Lord, sir
signorile elegant
simboleggiare to symbolize
simile similar
simpatia liking
sindacato union
sindaco mayor
singhiozzo sob, hickup
sino up to
sinuoso sinuous, meandering
sistemare to adjust, to place
sistemarsi to settle
slancio impetus
smacco affront, insult
smania yearning, desire
smaniare to yearn, to be in a flutter
smarrire to lose
smarrito lost, bewildered
smentire to deny
smorfia grimace
smorfioso snooty, affected
smorire to become pale, death-like
soave gentle
socchiudere to half-close
soccorso help
socio member

sodo hard
soffiare to blow
soffio gust, puff
soffitta attic
soffocare to suffocate
soffrire to suffer
soggetto subject
sogghignare to sneer
soglia threshold
sognare to dream
sogno dream
sol only **(solo)**, sun **(sole)**
solco furrow
soldo cent, penny, money
solere to be accustomed
solito usual
sollecitare to solicit, to pressure
solleticare to tickle
sollevare to lift
sollievo relief
soltanto only
somaro donkey
sommerso submerged
sonaglio little bells, harness bells, rattle
sonatore *m.* player (musical)
sontuoso sumptuous
sopore *m.* drowsiness, lethargy
sopportare to endure
sopra above, on, over
soprannominare to nickname
soprappensiero distracted
soprattutto above all
sopravvenire to happen, to arrive, to turn up
sordo deaf
sorella sister
sorgente *f.* source, spring
sorgere to rise
sorgiva spring, font
sormontare to surmount
sorpresa surprise
sorridere to smile
sorriso smile
sorseggiare to sip
sorso sip
sorvegliare to watch
sospendere to suspend, to

stop

sospetto suspicion

sospingere to push

sospirare to sigh

sostantivo noun

sostanzioso substantial

sostare to stop, to rest

sostegno support

sostenere to sustain

sottana slip, petticoat, priest's habit

sottecchio furtive glance

sotterfugio underhanded trick

sottile thin, subtle

sotto under

sottoscritto underwritten, below mentioned

sottrarre to avoid, to take away, to subtract

sovra above

sovrastare to overpower

sovvenire to remember

spaccare to split, to break

spacciare to dispatch, to finish off

spalancare to open wide

spalla shoulder

spalletta river bank

spalliera back of bed, back of chair

spalmare to spread

spalmata opened palm, smear

sparare to shoot

spargere to spread, to disperse

sparso dispersed

spartire to divide

spasimare to languish

spassarsela to fool around

spaurito frightened

spaventare to frighten

spaziare to wander into space

spazientito having lost patience

spazio space

specchiarsi to look into the mirror

specchiera dressing table mirror

spegnere to extinguish, to put out

speranzoso hopeful

spergiuro perjuror

sperimentare to experiment

sperpero waste

spesa expense, expenditure, shopping

speso spent

spesso often

spettinato uncombed, dishevelled

spezzare to break, to shatter

spezzettare to break into many pieces

spiacersi to be unhappy, to be sorry

spiacevole unpleasant

spiaggia beach

spianare to level, to smoothe

spiare to spy

spiccato distinct, marked

spicchio clove, section

spicciativo hasty

spiegare to explain

spiegazzato wrinkled

spiegazione *f.* explanation

spietato ruthless, merciless

spifferare to blab, to tell all

spina thorn

spingere to push, to urge

spiritoso witty, facetious

splendente resplendent

spogliare to undress

sponda shore, bank

sporco dirty, filthy

sporgere to extend, to stick out

sposa bride

sposare to marry

sposo spouse, husband

spregio scorn, disdain

spregiudicato unprejudiced

sprezzo disdain, scorn

sprofondare to sink

sprovvisto out of provisions

spudorato shameless, impudent

spunto hint, idea, concept

sputare to spit

squadrare to observe, to

look over

squallido shabby, squalid

squamoso scaly

squilibrio unbalance

squillante piercing

squillo ring (bell)

stabilimento establishment

stabilire to establish

staccare to detach, to break off

stagione *f.* season

stagnaro *dial.* plumber

stanchezza fatigue

stanco tired

stanga shaft, bar

stanza room

stare to stay

stazione *f.* station

stella star

stellata starry

stemma *m.* emblem

stendere to extend, to spread, to lay out

stentare to be hardly able, to find it difficult

stesso same

stima esteem

stirare to iron

stivale *m.* boot

stizza irritation

stizzirsi to be angered, to be irritated

stolido foolish, stolid

stonatura false note

storcignare *poet.* to twist

stordito stunned, shocked

storia story, history

stoviglie *f. pl.* tableware, kitchenware

stracciare to tear

straccio rag

strada street, road

stradario road book

straniero stranger

strapazzo ill treatment, overexertion

strappare to tear, to snatch, to tear away

stravolto bewildered

strazio torment, agony

strega witch

strepito uproar, clamour

stretto tight, narrow
striare to streak
stridulo shrieky, strident
strillare to scream
stringere to tighten
stropicciare to rub
strozzare to choke
struggere to overpower
struggersi to waste away
struggimento heartache
studentello worthless student
stupirsi to marvel, to be amazed, to be surprised
stupore *m.* amazement
stuzzicadente *m.* toothpick
subire to undergo
subitaneo sudden
subito immediately
suddetto above-mentioned
sudicio dirty, filthy
sufficienza sufficiency, enough
sugo sauce, juice
suolo soil, ground
suonare to ring, to play (an instrument)
suoneria bell system
supplice imploring
supporre to suppose, to imagine
suscitare to arouse
susseguente subsequent
sussultare to jump up
sussurrare to whisper
svago fun, amusement
svaligiare to ransack, to steal
svanire to fade away
sveglia alarm clock
svegliare to awaken
svelare to reveal
svelto quick, nimble, lively
svenire to faint
sventura misfortune
svetto top removed (trees)
sviluppare to develop
sviluppo evolvement, development
svolare *poet.* to fly about, to fly over
svoltare to turn

tacere to be silent
tacquino small note book
tafferuglio brawl
tagliare to cut
tale such, such a person
talismano talisman, amulet
tal quale the same, exactly
tanto very much, the same, anyway
tappare to cover
targa auto license, number- or name-plate
Tartaglia stutterer, character of the 'Commedia dell'Arte'
tasca pocket
tastare to touch, to feel
tastiera keyboard
tavolata table crowded with people
tavolino small table
tavolozza palette
tazza cup
teatro theater
tedesco German
tela cloth, stage curtain
telacerata oilcloth
tema *m.* theme
tematico thematic
temere to fear
tempo weather
tenda curtain, tent
tendaggio drapery
tendere to make taut, to set, to stretch
tenente *m.* lieutenant
teneramente tenderly
tenero tender
tenore *m.* tenor
tentare to attempt, to try, to tempt
tentennare to be undecided, to shake
termine *m.* end
terra earth
terreno land, earth
terreno earthly
terzetto trio, group of three
teso stiff, tight
tesoro treasure, darling
testa head
testimone *m., f.* witness

testimoniare to witness
tetro gloomy
tetto roof
timidezza shyness
timore *m.* fear
timoroso afraid, worried
tino vat
tirare to pull
tisi *f.* tuberculosis
toccare to touch
togliere to take away, to take off
toppa patch
torbido turbid, muddy, troubled
torcere to twist
torto wrong
tortora turtle-dove
tosse *f.* cough
tovaglia tablecloth
tra between
traboccare to overflow
tracannare to gulp down, to drink hard
tracchete *dial.* shucks
traccia trace, mark
tradimento betrayal
tradire to betray
tradurre to translate
traduttore *m.* translator
trafiggere to pierce
traforo tunnel
trafugare to steal
tralasciare to omit, to quit
tram *m.* trolley car
trama conspiracy, plot
tramontare to set
tramonto sunset
tranne except
trapasso passing, death
trappola trap
trarre to draw, to take out, to bring
trascinare to drag
trascorrere to pass, to spend
trasecolato amazed, bewildered
trasferimento transfer
trasformazione *f.* transformation
trasognato dreamy
trasparire to transpire

trasporto transport, rapture
Trastevere across the Tiber (section of Rome)
trastullare to play, to toy
trattare to deal, to treat
trattenere to detain, to retain, to hold back
tratto taken out, taken from, drawn
travatura beams
traversa cross-street
travolto overwhelmed
treccia braid
tremare to tremble
trepido anxious, with anxiety
tresca intrigue
trespolo trestle, bar stool
trifoglio clover
trillo ring (telephone)
triste sad
tristezza sadness
triviale coarse
tromba trumpet
tronco tree trunk
tronfio conceited
troppo too much
trovare to find
trucciolo wood-shaving
trucco trick, make-up
truce fierce
truffa fraud, swindle
turbamento distress
turbare to trouble, to disturb
turbinìo bustle, whirling
turno turn
tuttavia yet, nevertheless, always, still

ubriacarsi to become drunk
uccello bird
uccidere to kill
udire to hear
udito hearing
ufficiale *m.* officer
ugualmente equally
ultimo last
umido humid, damp
umiliare to humiliate
umore *m.* humour, disposition

uncino hook
unghia fingernail
unire to unite
unitamente together
uomini *m. pl.* men
urlare to scream
usanza custom
uscio door, doorway, exit
uscita exit
uso use

vacillare to totter, to hesitate
vagabondare to wander as a tramp
vagare to wander, to roam
vago vague
valere to value, to cost, to be worth
valigia suitcase
valle *f.* valley
valore *m.* value
vampata hot flush
vano vain, empty
vantaggio advantage
vantare to boast
varcare to cross
vari various, several
vaso vase, flower pot
vassoio tray
vegeto-minerale vegetable-mineral (water)
vela sail
velare to conceal
velato misty, veiled
veleno poison
veletta hat veil
velluto velvet
vena vein
vendere to sell
vendetta vengeance
vendicare to vindicate, to take vengeance
venditore *m.* vendor
venditore ambulante *m.* street vendor
ventaglio fan (lady's)
vento wind
vergogna shame
versare to pour, to spill
verso toward
vespa wasp

vespero vespers, evening
vespro vespers, evening
vestaglia robe
vestirsi to get dressed
vetrata large window pane
vetrina store window
vetro glass
viaggio voyage, trip
viale *m.* path, avenue
vibrare to vibrate
vicinella little neighbor
vicino neighbor
vicolo alley
vieppiù more, besides
villano peasant, rustic
villino small villa
vincere to win
viola violet, purple
virtù *f.* virtue
viso face
vispo lively
vissuto lived
vista sight, view
vita life, waist
vittima victim
vivido vivid
vivo alive, vivid
vizio vice, bad habit
vociare to shout
vociare *m.* shouting
voglia desire, longing
volare to fly
volgere to turn
volontà will, will power
voltarsi to turn
volto face
vuotare to empty
vuoto emptiness, empty space

zampa paw
zampogna bagpipe
zanzara mosquito
zattera raft
zavorra ballast, dead weight
zio uncle
zitto silence, silent
zucchero sugar